培养
自信自律自主的
孩子

宁十一 ◎ 著

台海出版社

图书在版编目（CIP）数据

培养自信自律自主的孩子 / 宁十一著 . -- 北京：
台海出版社，2021.7
ISBN 978-7-5168-3023-9

Ⅰ.①培… Ⅱ.①宁… Ⅲ.①自律－儿童教育－家庭
教育 Ⅳ.① G782

中国版本图书馆 CIP 数据核字（2021）第 104392 号

培养自信自律自主的孩子

著　　者：宁十一	
出版人：蔡　旭	封面设计：济南新艺书文化	蔡小波
责任编辑：王慧敏	

出版发行：台海出版社

地　　址：北京市东城区景山东街 20 号　邮政编码：100009

电　　话：010-64041652（发行，邮购）

传　　真：010-84045799（总编室）

网　　址：www.taimeng.org.cn/thcbs/default.htm

E-mail：thcbs@126.com

经　　销：全国各地新华书店

印　　刷：天津光之彩印刷有限公司

本书如有破损、缺页、装订错误，请与本社联系调换

开　　本：880 毫米×1230 毫米　1/32

字　　数：176 千字　　　　印　张：8

版　　次：2021 年 7 月第 1 版　印　次：2021 年 9 月第 1 次印刷

书　　号：ISBN 978-7-5168-3023-9

定　　价：45.00 元

　　儿童心理学专家经研究发现，孩童时期是一个人一生中最具有可塑性的阶段，也是形成人的性格、情商、气质的重要阶段。而自信、自律和自主是未来孩子成为优秀的人所必须具备的能力和素质。

　　意大利伟大的教育家蒙台梭利说："一旦孩子内心有自卑感，孩子的生活就会充满冲突。而随之出现的胆怯、退缩等不良个性，则会与孩子形影不离。与之相反的是自信，自信使孩子能掌握或驾驭自己的行为。"人因为有了自信从而拥有了创造奇迹的可能，所以自信是父母送给孩子最好的礼物。

　　古希腊哲学家苏格拉底说："本来最优秀的就是你自己，可是你不敢相信自己，把自己忽略、耽误、丢失了。"其实每个孩子都具有优秀的潜质，关键是父母如何帮助孩子发掘、认识和使用自己的潜力。

　　孩子的自信从哪里来？肯定不会从指责、打击、否定中来，而是从接纳、认可、鼓励和赞美中来。很多事情并不是孩子没有能力去做，而是父母不相信自己的孩子能做到，从而导致孩子也不相信自己能做好。父母要接纳孩子的不完美，认可孩子的每一点进步，鼓励孩子去尝试，相信孩子，也让孩子相信自己。

美国苹果公司创始人史蒂夫·乔布斯曾说："自由从何而来？从自信来，而自信则是从自律来。良好的自律能力将决定孩子未来的人生高度，也藏着他未来的样子。"

泰国短片《只有你可以改变你自己》讲述了这样一个故事：遥远的山庄里有个胖女孩，她日日受到别人的嘲讽与欺负。她不愿意再过这样痛苦不堪的生活，却又不知道该如何改变自己。

直到有一天，奶奶告诉她，村子后方山丘上有口枯井，只要将枯井灌满水，玉帝就会现身帮他实现愿望。女孩心里顿时升起无限希望。每天，她信心满满地挑着沉甸甸的木桶，一遍遍穿行在小道上，汗水洒满一路。无论多苦多累，她都默默坚持了下去。

短片的最后，女孩并未等来玉帝。而她倒映水中的身影，却已变得亭亭玉立。

自律的含义不仅仅是能管得住自己的行为，还包括能控制住情绪、耐得住寂寞、禁得住诱惑。自律的孩子，不失控不抱怨，不沮丧不拖拉，从容平和地朝前迈进，他终会遇见更优秀的自己。

和自信、自律同样重要的还有自主力。自主力，是指做任何决定、事情，或遇到各种困难时都靠自己的智慧、勇气和能力去解决，而不依赖他人。

培养孩子的自主力就是让孩子做自己的领袖，支配自己的思想，实现自己的愿望。自主力包括自主决策能力、自主管理能力以及自主生存能力。要让孩子在未来的激烈竞争中赢得立足之地，这三点能力绝对缺一不可。

生活中你是不是经常遇到这样的人：遇事没主见，犹豫不决，拿不定主意，只好看别人做什么，自己就做什么，甚至，动不动就引用"我妈说……"这就是缺乏决策能力培养的结果。请把孩子的选择权、决策权还给他，让他学着独立思考，学着做出自己的判断。即使孩子在判断中犯了错，也要相信孩子，鼓励他下次做出正确的决定。

如果孩子没有自我管理的能力，那父母就得永远在后面跟着，帮他们提鞋喂饭，帮他们安排时间制订计划，乃至收拾各种"残局"。其实，父母如果能少做一点，少帮一点，少督促一点，让孩子自己动手，更能培养他们的自我管理能力。

培养孩子的生存力，才是教育最大的目的。如果父母舍不得放手，舍不得孩子吃一点儿苦，让他经历一些失败和挫折，那么孩子就有可能会丧失生存能力。此外，敢于竞争、情商高、有创造力的孩子，未来更容易脱颖而出。

自信、自律和自主如同孩子成长路上的"三驾马车"，为孩子的人生保驾护航。本书以这三点为主题结构，层层拓展，深度剖析，教父母如何养育自信自律又自主的孩子。让孩子成为自己思想的支配者，无论面对什么事情孩子都能驾驭自己的"三驾马车"成功度过，从而掌控自己的精彩人生。

目　录

第一篇

▼

自　　信

第一章

别总对孩子不满意
——被接纳的孩子才有自信

你羡慕"别人家的孩子"，就是孩子自卑的源头

很多孩子在成长的过程中，都会有一个永远无法击败的"敌人"，即父母口中的"别人家的孩子"。

"别人家的孩子怎么每次都考第一名""别人家的孩子都会主动帮父母做家务""别人家的孩子写作业从来不用催"……父母本希望借"别人家的孩子"从侧面来激励自己的孩子奋发向上，但盲目地比较，只会强化孩子的消极看法："我没有别的孩子好，妈妈不喜欢我。"孩子不断地进行自我否定和怀疑，认为自己是一个糟糕的人，逐渐失去自信。

初中生小袁曾在《少年说》中说：妈妈的盲目比较，让我变得越来越不自信。每次考试后，小袁的妈妈都喜欢将小袁和全班第一、全年级第一的同学进行比较。小袁站在天台上对妈妈大喊："为什么每次都拿我最差的成绩说事儿，为什么你从来看不到我的努力？"

面对女儿的质问，小袁的妈妈说道："要是我不打击你，你可能

会有点儿飘……"

小袁哭着请求妈妈不要老是把她和别人比较了，妈妈依旧坚持这样做。

为什么父母总是觉得别人家的孩子好？第一个原因，在父母和孩子的关系中，因为心理距离感较近，父母会通过各个角度去评价孩子，例如学习成绩、生活习性、特长等。对于别人家的孩子，因为"心理距离感"较远，父母看到的内容会比较单一化，仅从对方一件事情的好坏，就得出"他比我家孩子更优秀"的结论。

第二个原因，人们在评价一件事时，通常会依赖自己的主观思维和价值感，就像是戴着有色眼镜去评判身边的人和事，会产生"心理偏盲"的现象。父母喜欢将自家孩子与别人家的孩子做比较，就是源于这种心理。父母会选择性地无视自家孩子的优点、成绩，反而用"显微镜"来发现孩子的缺点，而用"放大镜"去观察别人家孩子的优点，所以就会觉得别人家的孩子更优秀，从而引发父母养育焦虑感和挫败感。

心理学认为，家长经常性地拿自家孩子的短处和别人家孩子的长处比较，其危害主要如下：

首先，不利于孩子自尊心的培养。

爸爸妈妈拿自己孩子的弱项和别人的孩子的强项比较，无形中是对孩子的一种否认，长此以往，容易让孩子变得不自信，觉得自己真的不行。

其次，让孩子形成攀比心理。

尺有所短，寸有所长。正所谓"人外有人，山外有山"，如果孩子养成了和别人攀比的心理习惯，将来走向社会后，面对形形色色的不公平和差距，失落感会伴随孩子的一生，那将是一件很痛苦的事情。

最后，容易让孩子破罐破摔。

孩子的好行为需要家长的强化，从而逐渐形成好的性格。如果一味地批评和指责，把孩子的短处一遍遍地拿出来和别人比较，这其实也是一种强化，很容易让孩子放弃努力，自暴自弃。

也许有的家长会对此非常不解，觉得孩子们之间进行比较是很正常的事情，如果孩子确实在某些方面不如别的孩子好，我们还不能说说了？说说当然可以，但千人千面，人的个性差异千差万别，有些事不是谁都能做得到的。爸爸妈妈在比较的同时，切不要忘了对孩子自尊心和自信心的保护和培养，让孩子学会珍惜自我价值，成为优秀的人。怎么比较，其实也有一些小技巧：

第一，客观公正地进行比较。

在比较时一定要用一种平和的心态去对待孩子的优缺点。不要拿别的孩子的优点跟自己孩子的缺点比，要看到自己孩子的优点，别忘了给孩子鼓励和赞扬；也要正视孩子的不足，积极引导，帮助孩子认识不足，补齐短板。

第二，在比较的同时善于发现孩子的长处。

每一个孩子的特质都是不同的，他们身上有着不同的闪光点。父母不仅要发现孩子在某些方面不如别人，还要善于发现孩子身上的其他优点。比如，当孩子在唱歌比赛中内心受挫的时候，可以对孩子说，你在唱歌方面也许比不上别人，但在画画方面还是比较有天赋的。昨天的那幅画，我让专业的老师看了，老师说不错哦。

当然，万事都有度，一旦过了这个度，就容易让孩子产生骄傲自满的心理。父母在生活中，不要总是拿自己孩子的短处和别人的孩子的优点做比较，那只会加深孩子的挫败感，要多鼓励孩子发挥自己的优势，善于发现孩子的长处，让他在面临一些问题的时候，更有信心。

被父母否定的孩子，一辈子都活在自卑里

你对孩子说的每一句话、做的每一个动作，就像无形的小刀一样，慢慢地雕刻着他未来的模样。如果你每天对孩子说"你不行""你真糟糕""你也太差劲了吧"等这些负面的话，时间一长终会把孩子打压得锐气全无。得不到父母认可的孩子，一辈子都活在自卑里。

一位网友在知名论坛上发帖称："我都三十好几的人了，可是无论做什么事都会被母亲否定。无论是我的穿着打扮，还是人际交往间的态度、措辞都会受到母亲的挑剔……总之就是各种不对！母亲喜欢不分场合地'教训'我，甚至当着我女儿的面。我记得我小时候明明是个活泼开朗的孩子，后来却变得越来越自卑、懦弱、害怕改变。"

来自家长的一个轻飘飘的"不"字，会让孩子对自己的能力产生怀疑。哪怕是很简单的事，他们也会认为自己做不到，做不好，变得

脆弱敏感，畏首畏尾。久而久之，他们便会对生活悲观失望，对任何事都难以提起激情和动力，做事的执行力会越来越差。

心理学上，有一种现象被称为"自我实现预言"，即预言本身是假的，但是当它被说出来后，人们就会相信，最后预言成真。

美国社会学家罗伯特·金·默顿认为，当人们对一件事情先入为主后，无论正确与否，都会影响他对事情的判断，进而影响到他的行为，导致这个判断最后成为现实。通俗而言，自证预言就是我们会在不经意间让自己的预言成为现实。

这个道理同样适用于孩子，当父母反复提起孩子的某一缺点时，无论是在父母还是孩子眼中，这个缺点是必然存在的。例如，父母总是骂孩子头脑笨，但这可能只是孩子因状态不佳偶尔出现的反应慢，却被父母无限放大，最后这个孩子真的成了一个笨小孩，并且对自己失去了信心。

除了对孩子"恨铁不成钢"的否定，更多的父母还会做出负气的否定，比如，有些孩子确实很闹腾，当父母被折磨得身心俱疲的时候，经常会甩下这么一句话："你再这样，我就不喜欢你了。"这种负气的话说多了，就会让孩子产生自己不招人喜欢的想法。有的孩子会因此变得更任性；有的孩子甚至连交际能力都受到影响。父母否定的话越多，孩子的自信便流失得越快。

如果期盼孩子成长为一个自信满满的人，就不要总是斥责他"笨""差劲"；如果想要孩子变成热爱学习的人，就不要在他伏案看书的时候，阴阳怪气地嘲讽他："你再怎么努力都考不过别人，临时抱佛脚有什么用？"

父母想要让孩子成为自己期望中的样子，就不要总是否定孩子，要学会肯定孩子。当然，父母的肯定，不是指将"你不行"改为"你真棒"就可以了。那么，父母应该如何做，才能给予孩子正确的肯定呢？

做最真实的父母

有的父母会过于关注孩子的情绪，为了不伤害孩子，他们会刻意压制自己的情绪，保留一些自己的真实意见，只和孩子说温柔的话。这看似是对孩子的一种保护，实际上是缺乏对孩子的信任。父母这样做，是对孩子的内在秩序和动力的低估。很多时候，孩子需要的就是父母的真实态度，只有父母的真实看法，才能让孩子正确地了解自己什么地方做错了，从而积极改正。

给予孩子积极的期待

父母给予孩子正确的心理暗示非常重要。当父母对孩子有美好期待并且无条件信任他时，孩子就可能像父母期待的那样发展。因为这个时候孩子可以感受到父母的积极心理，所以愿意努力，不愿意辜负父母对自己的期望。

在生活中，父母要给孩子足够的肯定和信任，这样孩子才会充满自信，并朝着父母期待的方向努力，以此证明自己是优秀的。然后，真的成为父母期待中的好孩子。

你的"苛求"，正在悄悄抹杀孩子的自信

很多父母希望孩子在各个方面都出类拔萃。字要写得好，舞要跳得好，钢琴要弹得好，编程课也必须学得有模有样……任何一个地方表现得不够完美，孩子都会受到痛斥、责骂。

更为可怕的是，明明孩子已经表现得很好，但得到的却不是满意的赞美，而是更高的目标。因为父母对孩子的期望不会停留在一个标准上，这个基准线不断地水涨船高，全班第一后面是全校第一，再后面是全市第一……孩子就像后面被鞭子抽一样，拼命地与更多人一争高下。结果是，孩子无法正视父母焦急期盼的目光，也不知道自己怎么做才能达到父母的期望，只会越来越怀疑自己的能力，越来越自卑。父母希望孩子成为一个方方面面都优秀的人，却不知道自己的苛求正在悄悄抹杀孩子的自信。

父母苛求孩子，常常表现在三个方面：

第一，要求孩子必须考好，每次考试必须考第一名。

第二，总为孩子树立榜样，例如，"别人总是能考第一名，你要

向他学习"。

第三，要求孩子精通各种技能，例如，别的小孩会弹钢琴，自己的孩子也必须会；别的孩子会书法，自己的孩子也必须学会。

但是，父母对孩子越是苛求完美，越会让他产生压力，导致事情失败。每个孩子都不是完美无缺的，都有缺点和不足。父母若是将孩子的弱点视为"没出息"，那么孩子就会越来越没有自信。

父母都对自己的孩子有一定的期望，但是不可以将自己的愿望强加给孩子。父母需要为孩子营造轻松的环境，让孩子拥有自己的空间，成为孩子的精神支撑，帮助孩子获得更好的人生。

有一位成功女性，按自身的条件，可以很方便，也有能力把孩子送到贵族学校、特色学校，或更有利于学习外语的国际学校。可是，无论在上海还是北京，她一直坚持为孩子选择普通的公立学校。儿子从小到大，她从来没有给他请过一次家教，也从不做任何校内功课的额外辅导，甚至不要求他的学习成绩一定要在班里拔尖。但是她要求孩子一定要多问问题，每次面对孩子的提问她都会细心地讲解，不厌其烦地解释一遍又一遍。

她曾说："我并不希望自己的孩子成为一个神童，也不要求他在哪个方面必须做出突出的成就，我只希望他能成为一个快乐的人，也能为别人带去快乐。"那么如何才能降低对孩子的期望值，不苛求孩子呢？

根据孩子的年龄、能力制定期望值

不同年龄段，孩子的能力发展不同；相同年龄的孩子，能力也会有所差别。父母在给孩子制定期望值时，需要考虑孩子的年龄。期望过高，孩子一直达不到目标，会让他产生无限的压力，严重挫伤自信心。期望过低，孩子轻松就能完成，无法产生成就感。因此，父母需要在孩子的能力范围内，制定对他的要求和期望值。

让期望成为动力

当孩子内心缺少动机时，主动性和创造性就会被大大削弱。这时，父母可以给孩子设定一个期望值，告诉他希望他成为一个什么样的人，让这种期望变为孩子的内驱动力。注意，期望不要过高。

适当的期望和压力，可以帮助孩子成长。在孩子成长的过程中，父母可以根据孩子的实际情况对孩子提出要求，给予孩子正确的前进方向。

给孩子贴负面标签，会严重打击孩子的自信

第二次世界大战期间，某国由于兵力不足，从监狱调了一批犯人上前线。但是这些犯人纪律散漫，不听指挥。管理员找了几个心理学专家与犯人进行谈话，要求他们每周给最亲的人写一封信，在信里告诉亲人自己在前线如何勇敢、立了多少战功等。半年后，这些士兵真的变成了信中听从指挥、勇敢战斗的样子。

这种现象，被称为"标签效应"。一个人一旦被下了某种结论，就会像商品被贴上标签一样，做出与标签一致的行为。这种现象，在孩子身上尤其明显。孩子的情感态度是比较直接的，父母给他们贴什么标签，他们就有可能成为与所贴标签一致的人。例如父母总是斥责孩子说"你真笨"，孩子就真的可能变笨；父母斥责孩子不听话，孩子就真可能做一些不听话的事情……

为什么孩子会朝着"标签"定义的方向发展？通常情况下，孩子的思维模式分为两种：固定型和成长型。

当孩子处于固定型思维模式时，做事的观念会比较死板，只能接

受成功，害怕失败。一旦遭遇挫折，就容易受到打击。而当孩子处于成长型思维时，做事会始终充满热情，即使遇到困难和挫折，也能鼓励自己去克服。对两种思维模式进行比较可以发现，成长型思维明显更有助于孩子的成长。

但是，在日常生活中，固定型思维却更常见。当父母遭遇了生活的压力后，会将情绪发泄到孩子身上，进而给孩子贴上各式各样的负面标签。例如，孩子帮忙做家务本来是一件很好的事情，结果不小心打碎了一个碗，若是遇到了父母心情不好，就会给孩子贴上"做事毛躁""什么都做不好"等负面标签。

给孩子贴"负面标签"的行为，本身就是对孩子的一种否定。若这种行为长期发生，孩子就会从心底认为自己不行，从而产生自卑。即使以后孩子在某个方面获得了成功，但那种隐隐的自卑感也会始终伴随着他。

心理学认为，"标签"具有定性导向的作用，无论好坏，都能影响人们的"个性意识的自我认同"。若我们对孩子存在偏见，总是对他说一些负面的话，孩子就真的可能朝着"坏"的方向发展。

与之相反，若是给孩子贴"正面标签"，那么他就有可能朝着一个好的方向发展。例如，孩子将玩具拆了，喜欢贴负面标签的父母可能会骂孩子淘气、破坏王，并且对他们进行处罚；而喜欢给孩子贴正面标签的父母，则会表扬孩子有钻研能力，并且引导孩子去重新组装玩具。在父母的夸奖下，孩子会更有探索精神，甚至成为一个小发明家。

正确的贴标签方式，可以培养孩子某方面的能力。那么，父母如何才能正确地给孩子贴标签呢？

学会接受孩子暂时的失败

孩子年龄比较小的时候，对事物的认识水平还处在发展阶段，他们是在不断尝试，不断失败，不断爬起的过程中学会各种技能的。因此，对于孩子暂时的失败，父母不能上来就批评，指责，上来就贴负面标签，可以暂时地接受孩子的失败，帮助孩子分析失败的原因，找到解决办法。

寻找孩子的"正面标签"

对于孩子的坏习惯、缺点，父母不要立马贴上负面标签。与之相反，父母要全面地去观察孩子，努力寻找他的闪光点，这样就可能让"坏孩子"变为"好孩子"，让"笨孩子"变为"聪明孩子"。

适度贴"正面标签"

即使是肯定孩子能力的正面标签，也不可以毫无底线地、无限制地使用。大家都知道"物极必反"这个道理，虽然正面的标签能够带来一些"正"的导向作用，但当这个导向超出了孩子的承受范围，那么带来的就不一定是好的导向作用，很可能是施加在孩子身上的压力，逼着他不得不朝着这个方向努力，甚至有一种退无可退的感觉。

除此之外，父母尽量避免给孩子贴一些固定的标签，无论是正面的还是负面的，这样做只会固化孩子的成长。父母可以多发现孩子的优良品质，从不同方面表扬孩子，帮助他建立自信。

当着外人的面贬低孩子，会让孩子更加自卑

贬低式语言，是一种暴力，能"杀人于无形"。若是父母常常当着外人的面贬低孩子，就可能轻而易举地摧毁一个孩子的自信。

电影《耐莉》的主人公，是一个活泼开朗的小姑娘，最喜欢表演和唱歌。在一次艺术节上，耐莉一边唱歌一边跳舞。但是，坐在台下的父母却觉得耐莉的舞蹈十分不好，马上对她做手势，让她停下来。看到父母的手势和表情，一向外向的耐莉立马变得拘谨起来，她怀疑自己做了一些出格的动作，才会让父母不高兴。

在以后的日子里，耐莉经常会想到父母的这次提醒，做事情越来越拘束，怕自己又做些不合时宜的事情惹得父母不高兴，从此她变得自卑又缺乏安全感。

耐莉父母这种不合时宜的指责，在我们的生活中也时常可见。很多父母喜欢当着外人的面说一些贬低孩子的话，如"他没有那么

好""挺笨的，什么事情都做不好""他经常丢三落四的，真是让人头疼"……

为什么父母喜欢在外人面前贬低孩子？

一些父母是因为孩子在外人面前表现得不够好，让自己没面子，怕大家觉得自己没把孩子教育好。比如，父母带孩子参加朋友聚会，却当众指责孩子米饭掉到桌上，挑剔孩子吃饭时大声说话，不懂事，等等。这其实是家长的"投射认同"心理在作怪。

投射认同，就是父母的成长经历塑造了他们内心和自己的关系，家长会将自己某些不好的经历投射到孩子身上，以此来缓解自己的痛苦。比如，父母总是挑剔孩子吃相不好，实际上是因为自己吃相不好而自卑，并且不自觉地将这种自卑情绪传递给了孩子。

有一些父母在外人面前贬低孩子，只是为了自谦。受古训"谦受益，满招损"的影响，中国父母更喜欢"自谦"式教育。比如，过年的时候，亲朋好友聚在一起，有亲戚夸赞自己的孩子，即使父母与有荣焉，也会赶忙摆手说："哪里哪里，他还差得远呢。"

谦虚是一种美德，但是在教育方面，父母过于谦虚，就是对孩子的一种伤害。当孩子听到他人夸奖自己时，内心是兴奋雀跃的，这时候父母的贬低，无异于给他泼了一盆冷水。经常受到这样的打击，孩子可能会陷入自我否定，怀疑"我是不是真的不好"，然后对任何事情都失去信心。

有一些父母在外人面前贬低孩子，仅仅是为了树立自己的权威。

为了让孩子更听话，父母会在公共场合训斥孩子，让他产生畏惧感和敬畏感。这样做不仅会伤害孩子的自尊，也会让孩子变得自卑懦弱，遇到事情不敢表达自己的想法。

桐华曾说："孩子在很多时候，比大人还要爱面子，因为世界很小，所以所有的小事都不小。"保护孩子的自尊，不将孩子的错误暴露在外人面前，才能让孩子远离自卑。

给孩子留面子

在外人面前，父母要学会给孩子留面子，即使孩子犯了错，也不要当众指出来，应私下指出孩子的错误，引导他应该怎样做。这样做，孩子更容易虚心接受错误，并且及时改正。有一个女孩十分不喜欢做家务，总是把家里弄得乱糟糟的。聚会时，有一个朋友夸赞女孩："你这么乖巧可爱，自己的房间也一定特别整洁吧。"小女孩十分心虚，害怕妈妈当众揭穿自己。结果，妈妈说道："是的，在家里也非常乖，经常自己整理房间。"等回到家中，妈妈对女孩说道："妈妈只帮你这一次，以后你要好好整理自己的房间。"女孩感谢妈妈给自己留了面子，在这次经历之后，她变得勤快起来。

接受他人对孩子的夸奖

当他人夸奖孩子时，父母要坦然接受，还可以顺势夸奖一下孩子。例如，孩子考了第一名，有朋友夸奖："考第一名真是太了不起了，真是个聪明的孩子。"父母可以这样说："是挺厉害，他每天都学到很晚，很不容易。"

肯定孩子的努力，并给予夸奖，可以增强孩子的自信心。同时，父母在私下里需要告诉孩子，不能因为夸奖而骄傲，学会谦虚才能保持进步。

孩子因外貌被否定，父母的回应很重要

孩子的世界直接又单纯，他们不会在觉得你长得不好看的时候婉转地表达。但恰恰是这种单纯的眼光和话语，让那些处于被嘲笑境地的孩子，一头栽进自卑的海洋，再也游不出来。

小美身材微胖，性格大大咧咧的，在朋友眼中她是一个乐观的胖女孩儿。有时候，朋友开玩笑会叫她"胖美眉"，但她每次都不会计较，而是笑笑就过去了。

长大以后，有一次小美喝醉了才说出心里话，小时候因为她经常生病吃药，药里含有激素，所以体重才会不断飙升，导致经常会有人喊她"小胖子"。被同学嘲笑的时候，小美一开始也会生气反驳，但是同学并不理会，无奈之下小美只能听之任之。时间长了，小美不仅不会反驳，还会跟着朋友一起开玩笑。尽管表面上笑得开心，但小美的心中却越来越自卑。

即使后来，小美努力减肥瘦了下来，但她仍没有摆脱自卑的阴

影，特别在意别人对自己身材的评价。

孩子对外貌的在意从幼儿园时期就开始了，我们可以发现，那些长得好看的小朋友在班里总是会更受欢迎。不仅如此，他们还会对别人的相貌评头论足。"你太丑了！""你好胖呀！""你长得太黑了！"……因为他人的嘲笑，孩子会更加在意自己的外貌，甚至产生厌恶心理。有的孩子还会对着镜子一一审视、挑剔自己不完美的五官，"为什么我的眼睛这么小？""为什么我的鼻子这么扁？"……从而产生深深的外貌焦虑，因此变得不敢与人交往，做事畏首畏尾。

当孩子因为外貌被嘲笑，向父母倾诉时，父母的回应很关键。

有的父母认为这并不是什么大事，为了锻炼孩子的心理承受能力，他们还会进一步打击孩子，强迫他面对现实："你本来就胖，人家说得对。""你这么能吃，不胖才怪。"……这些话会成为孩子一辈子无法消除的烙印，甚至让他从此失去自信，陷入自我怀疑中。

尤其当父母也附和别人嘲笑孩子的外貌时，孩子会将其当成既定事实，备受打击下，甚至产生轻生的念头。

蒙台梭利曾说过："我们对儿童所做的一切，都会开花结果。不仅影响他的一生，也会决定他的一生。"父母的一言一行，都会影响到孩子的认知思维。那么，父母如何通过纠正孩子的审美观，让他变得自信起来呢？

告诉孩子美丑有不同的评判标准

当孩子因为外貌而自卑时，父母首先要承认美确实很重要。有些父母会告诉孩子美不重要，这是一种欺骗。当孩子再次因为外貌被嘲笑时，受到的打击会更大。然后，父母可以告诉孩子，美丑并不是由一个人界定的，并且坚定地告诉他："在妈妈的心里，你就是最美的。"帮助孩子重拾信心。

告诉孩子"相貌好不是唯一的美"

美并不是只体现在相貌一方面，当我们无法改变相貌时，可以通过改变气质来获得。例如董卿、杨澜虽然长得非常漂亮，但更让人印象深刻的是她们身上的那种"知性美"。父母可以陪孩子一起看书，丰富他的知识，培养他的逻辑能力和处世能力；给他报跳舞班、音乐班，培养他的艺术气息……让孩子变得自信、强大。

教孩子穿适合自己的衣服

一身舒适的打扮，可以提升人们的好感度，为相貌增色。父母可以向孩子传授穿衣打扮的技巧，引导孩子学会打扮自己。首先要养成良好的卫生习惯，保证整个人干净、整洁。其次，选择适合自己的穿衣风格，学会衣服搭配。最后，父母要告诉孩子，不要盲目地追求大众审美，别人穿着好看的衣服并不一定适合自己。

转移孩子的注意力

当孩子过分在意外貌缺陷时，父母可以想办法将他的注意力转移到自己的优点上。例如，有个小男孩因自己脸上有个胎记，一直很自卑。妈妈发现他的语言表达能力很强，就着重发展他这一优势。妈妈找来很多故事书和视频，鼓励孩子照着学习。随着不断地学习，小男孩讲故事的水平越来越好，语言表达能力也越来越强，也敢在陌生人面前说话了。有一次，小男孩去参加"小主持人大赛"还获得了第一名。他不再因为外貌而自卑，变得越来越自信。

当一个人变得厉害和强大后，人们首先注意到的是他的能力，而不是外貌。父母应该帮助孩子树立正确的审美观，引导孩子不要将所有注意力放在外貌上，提高自身能力才是最重要的。

极少表扬，会使孩子形成讨好型人格

心理学博士海姆·G.吉诺特说过："称赞，就像青霉素一样，绝不能随意用。"但是，很多父母从一个极端走向了另一个极端，从"经常表扬孩子"转变为"极少表扬"。

这些父母认为，夸奖会让人骄傲。所以，他们在生活中很少去表扬孩子。结果不但没有让孩子变得内心强大，反而让孩子变得自卑、脆弱、敏感，处处讨好别人。

小冉一直是班级的前几名，偶尔掉到第十名，父母就说："考得这么差，你自己好好反省！"

家里来了客人，父母让她打个招呼，她说话的声音又小又细。等客人走后，父母就会说她："说话不能大声点儿吗？像蚊子一样哼哼，谁会喜欢？"……

长大后，小冉总是觉得自己表现不够好，生怕自己的样子不招人喜欢。

总有一些父母无视孩子的努力，无论孩子做得有多好，获得了多少成绩，父母依然吝啬于一句肯定和赞许。哲学家詹姆斯说："人类本质中最殷切的要求是渴望被肯定。"任何一个孩子都不愿意承认自己比别人差，他们想要获得别人的认可，这种认可往往来自父母。当孩子在成长过程中很少得到父母的认可时，他就会慢慢地丧失对自己的肯定，变得越来越自卑。父母的认可，可以帮助孩子获得存在感和价值感，成为他日后战胜困难的重要力量。

电影《银河补习班》中的马飞，做事情经常比别人慢半拍，老师和同学都认为他"缺根弦儿"，就连他的妈妈也认为自己的孩子很笨。

但是，马飞的爸爸却不这么认为，他认为自己的孩子非常聪明，经常对马飞说："你是最棒的！""所有人都说你是废物、笨蛋、蠢货，但爸爸相信你不是，永远不是！""我就说了，你是天才！"……在父亲的肯定下，马飞从班级倒数第一名变成了世人瞩目的宇航员，完成了一个自卑孩童的逆袭。

积极正面的语言，可以激发孩子的无限潜能，增强孩子的自我认同感，让他变得更加自信。别再吝惜对孩子的表扬，不过，表扬也需要讲究方法。

表扬的过程中多询问

父母表扬孩子时，不能只局限于表面，那样无法让孩子获得真实感。例如，当孩子画了一幅很漂亮的画拿给你看时，你只是表扬"很棒""很漂亮"等，这不仅无法让孩子发现自己做得有多好，还会降低孩子对画画的热情。父母也可以这样说："画得真好看，能告诉我这里你为什么要用这个颜色吗？""画得太棒了，你是怎么想到这样画的？"……在父母的询问下，孩子会滔滔不绝地分享自己的感受和想法。在父母的认可下，孩子对画画的热情会更加高涨。

根据场景说表扬的话

父母表扬孩子要言之有物，根据具体场景、事件说表扬的话，不能泛泛而论。例如，孩子自己解决了一道难题，父母要说："你能自己想出解决方法，真是太厉害了！"孩子勇敢尝试了以前不敢吃的食物，父母要说："你真勇敢，妈妈为你骄傲！"孩子坚持做自己不能完成的事情，父母要说："你能坚持到现在，已经非常厉害了，现在我们一起来尝试能不能完成。"……父母明确的肯定和赞赏，才是孩子最想听到的话。

最后，父母在表扬孩子时，要注意尺度，避免孩子因过多的表扬而变得自负，失去本心。

不要用一张成绩单否定孩子的未来

　　每到期末，很多学生的家里会上演不同的大戏：考试成绩好的学生，全家人喜笑颜开，给予各种称赞和奖品；考试成绩差的学生，父母生气，家里气氛紧张，给予各种惩罚，报补习班蓄势待发。

　　在父母的心中，孩子小学成绩不好，就考不上重点初中；考不上重点初中，就很难进入重点高中；上不了重点高中，高考成绩不佳，就无法考取重点大学；最后找不到好工作，过不上好生活，蹉跎一生。因此，大多数父母都非常看重孩子的成绩，并习惯性地将学习成绩的好坏当作衡量孩子是否优秀的唯一标准。

　　成绩，只是一个阶段的学习考核测试结果，并不能代表孩子的全部。在电视剧《家有儿女》中，刘星的成绩始终是班级里的倒数，每次考试完，大家都会嘲笑他一番。但是刘星的爸爸夏东海却知道，刘星的成绩虽然不好，但他身上还有很多美好的特质。例如，刘星的人缘特别好，非常受同学的欢迎；他非常热心，总是喜欢帮助朋友；他有很强的与他人沟通的能力和组织能力……所以，学习成绩不好的孩子，并不一定是一个不优秀的孩子。

李玫瑾曾说："智力是天生的，当父母发现孩子在某个方面学习不占优势时，就要去研究他有没有其他的优势。"孩子的学习成绩不好，父母不能一味纠结怎么才能让孩子考出好成绩，而是要发现他的其他特长。

有一位母亲分享了自己接孩子的视频。视频中小女孩一脸兴奋地说："妈妈，有一个好消息，一个坏消息，你先听哪个？"

妈妈说先听好消息，小女孩就兴高采烈地说自己终于考试及格了，说到坏消息时又摆出一脸委屈的样子说，自己考了倒数第二名。

妈妈听了笑着说："考及格就是进步了，而且你跳舞很好看，好好练习，成为班级的领舞就更厉害了。"

成绩并不能代表一切，每个孩子都会有自己的闪光点，就像上文的小女孩，虽然她成绩不理想，但是会跳舞就是她的优势，谁又能说她以后不能成为一个优秀的人呢？面对孩子总是考不及格的情况，父母首先要端正自己的态度。

改变看法

父母的想法对孩子的影响是很大的，当父母认为"成绩不好未来没出息"时，孩子在父母潜移默化的影响下，也会认为自己是一个没用的人。因此，父母首先要对成绩有一个正确的认知，不要根据学习成绩推测孩子在其他方面的表现和未来。

寻找孩子的优势

孩子学习成绩差，父母就需要寻找孩子其他方面的优势，并且对其进行重点培养。例如，孩子在音乐方面很有才华，父母可以为他报音乐班；孩子思维敏捷，能言善辩，父母可以多让他看辩论视频，培养他成为一个辩论高手；孩子喜欢画画，父母可以为他请绘画老师……孩子未来的发展有无限的可能，父母不要过于关注孩子的学习成绩，要客观地看待孩子的优势，然后加以培养，提高孩子的能力。

找到问题根源

虽然成绩不是孩子的全部，但父母也要重视，帮助他分析学习不好的根源。有时候，不是孩子付出的努力不够，也不是孩子智力有问题，而是学习方法不对。学习方法不对，会导致事倍功半。例如，孩子不善于思考，父母每次辅导作业时，总是让孩子分析为什么要这样做，孩子分析不出来，着急之下越发不喜欢学习，成绩也会越来越差。这时，父母不妨先让孩子记住知识点，再慢慢推导过程。

天生我材必有用。父母找到孩子的能力特长，就是帮助他找到了自我的价值。所以，即使孩子学习成绩差，父母也不要放弃他，可以听听他内心的需求，理解他的无助，陪伴他走好成长的每一步路。

最好的教育，就是让孩子成为他自己

好孩子的标准是什么？很多父母都能娓娓道来：学习好、听话、勤快、喜欢运动、热爱劳动……并且按照统一的标准去要求自己的孩子。但是，每个孩子都是独特的，没了独特性，孩子只会失去自我。

有一位母亲，教育出了一个优秀的儿子，她发现养育孩子的关键，是真正接纳孩子的一切。她曾经认为一个"完美"的孩子，应该有热情开朗、聪慧、擅长体育运动等优点，并且拥有许多朋友。甚至，她一直按照这种标准去要求孩子。

为了锻炼孩子的运动能力，这位母亲经常拉着儿子参加运动练习。有一次，她带着儿子去参加篮球练习，一路上儿子都在挣扎抗议。看到这样的情景，这位母亲意识到自己的教育出了问题，她的儿子并不喜欢运动。

从这以后，这位母亲学会了观察自己的儿子，发现他性格有点儿沉闷，不喜欢与人交谈，永远也不会成为社团里的活跃分子；他不喜欢运动，更喜欢专注地解题。所以这位母亲改变了自己原有的标准，学会接纳儿子的与众不同，将他培养成了真正的人才。

每个孩子都是独一无二的，他们身上的独特性也决定了他成不了别人，最好的教育就是让孩子成为他自己。但是，大多数父母却习惯用大众的标准去定义孩子。比如，孩子小时候喜欢玩水、玩泥巴，父母认为是没出息；孩子内向，不愿意与人说话，父母认为是没礼貌；孩子不喜欢学习，喜欢运动，父母认为是不务正业……更有的父母看到别的小孩在某个领域有出色表现，不论自家孩子是否喜欢，是否合适，就强迫孩子去学习。

当孩子长大成人后，会从事各种不同的职业，有的会成为老师、警察、科研工作者、艺术家等，也有的可能成为公交车司机、保安、环卫工人等。但是，只要孩子乐观向上，正直善良，热爱自己的工作，他们就是成功者。

父母不能用一个标准去衡量所有孩子，学会接纳孩子与众不同的个性和特质非常重要，即使这些个性和特质并不是自己所期望的。

接纳，并不是放任，而是在尊重孩子个性的基础上因材施教，引导孩子成为独特的自己。

了解孩子的特质

了解孩子的特质后，父母才能因材施教，发掘孩子的潜能。孩子常见的特质如下：不自信、爱哭、自立、专心、动作慢、有爱心、没毅力、任性、活泼、快乐、情绪化、胆小……面对这些特质，父母总会下意识地按照自己的喜好去判断好坏。例如，胆小、情绪化、爱哭等特质是负面的，有爱心、自立、专心等特质是正面的。心理学家认为，"负面"特质引导好了也可以帮助孩子成长，父母不能一味地否定。只有充分了解孩子的特质，才能帮助他建立完善的人格模式，创造更美好的未来。

发现孩子身上的闪光点

每个孩子身上都有独特的闪光点，有时候一个小创意、一个想法、一个随手涂鸦等，都可能是他某一潜能的表现。例如，孩子经常会问："花儿为什么是红的，草儿为什么是绿的？""为什么太阳出来就会变热？""天冷了，水为什么就变成了冰？"……这样的孩子往往思维活跃，爱思考，具有科研的潜力。父母发现孩子的闪光点后，将其发扬光大，就能让孩子变成一个有能力的人。

支持孩子做自己喜欢的事

对于孩子喜欢做的事情，父母要秉持支持的态度，不能盲目从众。比如，看到别的孩子喜欢画画，父母就鼓励孩子去学画画，完全不关心孩子是否喜欢。真正的兴趣，需要热情来支持。父母可以先观察孩子平日里最喜欢的事情是什么，空闲时间最常做的事情是什么，是否讨厌你让他学的东西。了解清楚后，在所有事情中找到孩子喜欢并且有益于他健康成长的，然后给予支持和帮助。

给孩子时间和空间去发展独特性

有的父母经常会担心孩子的竞争力弱，着急让孩子学习各种技能，上这个那个补习班。但是，孩子的很多特长并不是只用笔就能测验出来的，需要有更多的展示舞台和更多成功的经验，才能让他发现自己的独特性。每个孩子都可以变得耀眼，父母需要给孩子更多的空间和时间，让他去一点点发展自己的独特性。在这个过程中，父母只要为孩子提供多元化的刺激，帮助孩子发现自己的优点，培养他的自信心即可。

承认孩子的与众不同，给予他们成长时间和空间，并不会降低父母的权威。父母只有让孩子成为主角，自己心甘情愿当好配角，才能让孩子创造自己的美好人生。

第二章

夸出来的自卑

——正确鼓励帮孩子找回自信

"你是最棒的"，会让孩子掉入自我怀疑的陷阱

孩子："妈妈，我今天语文考了100分。"

妈妈："真聪明！"

孩子："妈妈，我吃完蔬菜了。"

妈妈："真棒。"

......

美国教育家阿黛尔·法伯认为，表扬孩子有两种形式：一种是评价式表扬，另一种是描述式表扬。评价式表扬就是我们常说的"真厉害""真聪明"等，仅是用来夸奖个人。描述式表扬，则是根据孩子做的事情，有针对性地进行表扬。

孩子画了一幅画，拿给爸爸妈妈看，问他们画的好不好看，是想要得到积极的反馈。结果，爸爸妈妈说："真好看。"这就是评价式表扬，会让孩子感到敷衍，不利于孩子成长。若是父母接过画仔细看一会儿，然后对他说："这幅画的色彩搭配非常好，一看就很漂亮。"言之有物，更能让孩子信服。心理学博士艾丽卡·雷斯切尔发

现，当父母夸奖孩子时只会说"你很棒""你太聪明了"时，不仅无法给孩子自信心，还会让孩子越来越自卑。

盲目夸奖孩子"你是最棒的"，会让孩子形成过度依赖。当孩子被夸奖时，他的内心一定是非常高兴的。由于孩子的自制力还不成熟，放大型的夸奖容易让他产生惯性思维，无论做什么事情都渴望得到好评。在这个过程中，孩子并没有建立真正的信心。一旦孩子做了某件事情没有得到夸奖，他的内心就会非常失望，心想："我是不是没有做好，妈妈才没有夸奖我。"之前建立的信心，立马会土崩瓦解，逐渐变得自卑。

盲目夸奖孩子"你是最棒的"，会让孩子缺乏客观的自我认知。

有一位妈妈为了鼓励孩子学习，从不吝啬夸奖孩子。孩子完成一天的写字量时，妈妈夸奖说："这些字写得太棒了！"孩子一开始听到妈妈的夸奖时，非常有动力，每天都认真书写。

一段时间后，妈妈发现孩子写字越来越敷衍，字也写得歪歪扭扭的。妈妈很奇怪，但是依然用夸奖的方式鼓励孩子。这天，妈妈又夸奖孩子字写得真好，孩子却发脾气地说道："我写得根本就不好。"一边说，还一边哭了起来。

原来，现在幼儿园很多小朋友都开始学习写字，老师经常会夸奖写得好的小朋友，但是这位妈妈的孩子一次都没有被夸奖过。对比之下，孩子越来越自卑。

父母的盲目夸奖，会让孩子陷入"僵固思维"，对自己产生"我本来就很厉害"的认知，从而产生自满情绪。进入学校后，老师会实事求是，孩子做得好夸奖，犯错误批评，无法与父母的态度达成一致。一旦孩子受挫，发现事实与自己的认知不符，自己并没有父母口中那么"棒"，那么"优秀"，就会受到打击，甚至对自己的能力产生深深的怀疑。久而久之，人也会慢慢变得自卑。

经常被夸聪明的孩子发现自己不如别人聪明时，会产生严重的心理落差。为了继续获得父母的夸奖，他会不断地耍小聪明，来保住自己"聪明"的头衔。这样会导致孩子做事浮躁，一旦被人戳穿，受到打击，就会失去自信心，开始不断地逃避挑战和尝试，变得越来越"笨"。

斯坦福大学一位心理学教授在一次演讲中说道："赞美孩子的天赋而非他的努力、策略和选择，会慢性地扼杀他的成长型思维！"学会正确夸奖，才能培养孩子的自信。

抓住夸奖的关键点

夸奖孩子时，父母要抓住关键点，让孩子明白自己因为什么被夸奖，让他更有真实感。在电影《银河补习班》中，马飞考了63分，父亲马皓文表扬他说："这么短的时间，你就从全班倒数第一名到了倒数第五名，我就说了，你是天才。"短期内取得了进步，应该被表扬。这种表扬是符合事实的，所以孩子受之无愧，内心也更有动力，清楚该往哪个方向努力。

夸奖要具体

夸奖，要指出孩子具体哪里做得好。例如，夸奖孩子漂亮时，可以夸奖他有两个独特的酒窝、牙又白又整齐等。夸奖孩子聪明时，可以夸奖他总是能考第一名、能拼出很难的拼图等。夸奖具体的事件，才能让孩子感受到自己确实值得被夸，而不是因为他是爸妈的孩子才被夸的。

夸奖孩子积极的态度

有时候，孩子的事情没有做好，但是态度是积极的，父母就可以重点夸奖孩子的态度，帮助孩子强化这种积极的态度，让其成为一种习惯。例如，孩子认真写作业，但还是有很多错误，父母就可以说："虽然你错了很多，但是妈妈看到你主动去写作业了，这一点非常好。"孩子被父母夸奖后，会继续保持积极性，不会轻易失去信心。

别总夸孩子"听话"，越听话的孩子越自卑

在电影《驯兔记》中，主人公皮皮鲁是一个对一切事情都充满好奇的聪明学生，但是在老师眼里，皮皮鲁却是一个喜欢调皮捣蛋、故意抬杠的叛逆学生。

上学第一天，老师问："一个皮球掉到了深坑里，我们怎么才能把它弄出来？"

皮皮鲁说："如果水坑太深了，我就让爸爸再买一个，不应该让孩子为了一个皮球而冒险。"

老师听了皮皮鲁的回答很下不来台，于是对他说："老师不对，你对是吧？"皮皮鲁坚持："正确的人才对。"

老师对皮皮鲁的顶撞很不满意，正要批评他的时候，另一学生李晓曼站起来说："同学们，老师的知识那么丰富，怎么会不正确呢？她每天那么辛苦，我们要做一个好孩子，听老师的话，不要和老师顶嘴。"刚说完，李晓曼就变成了一只兔子。在李晓曼的带领下，全班开始努力听话，变成兔子。

电影中，李晓曼一开始变成兔子时，害怕得哭了，老师一直安慰她，并且告诉她：变成兔子不可耻，是令人羡慕的。这种价值观，在老师、校长和父母齐心协力的捍卫下，成为孩子们心目中的"真理"。

即使是在生活中，父母也更喜欢"听话懂事"的孩子，并且一直将孩子往这个方向培养。当孩子按照父母的意愿做事情时，父母就会夸奖孩子"听话乖巧"，给予他们奖励和表扬；当孩子违背父母的意愿时，父母就会骂孩子"不听话"，甚至处罚他们。然而，越是夸孩子懂事，孩子们越自卑。

经常夸孩子听话，会束缚孩子的欲望，让他们不敢去要自己想要的东西。

知乎上，有一个网友说过自己小时候的一段经历：从小，妈妈就告诉她要听话，而听话的孩子是不会乱要东西的。

有一次，她和妈妈一起出去玩，路过做棉花糖的摊子，妈妈指着棉花糖说："想要吗？"她摇了摇头说："不想要。"

妈妈满意地摸了摸她的头，说："这才是乖孩子，不乱要东西。"

其实，她非常想要看起来像一团白云似的棉花糖，但是为了让妈妈觉得自己"听话"，她只好把真正的想法压抑了下来。她说："即使长大了，这种习惯也一直跟着我，让我变得很自卑，遇到想要的东西不敢开口，不敢争取自己的利益。"

听话的孩子因为害怕父母流露出失望的神情，为了满足父母的期望，从来不敢违背父母的话。只要父母一失望，自己就会特别内疚。其实，他们的内心十分羡慕那些任性、叛逆的孩子，他们一点儿都不喜欢别人夸自己"听话懂事"。甚至偷偷发誓，如果将来自己有了孩子，一定不要让他过早懂事。

父母一直夸孩子"听话懂事"，就像是道德绑架一样，会让孩子不断地去压抑自己的想法。这样的孩子往往活得小心翼翼，不敢做一件出格的事情。因为他一旦做了出格的事情，就会让父母失望，自己也会失去"听话懂事"的光环。长此以往，孩子就会认为自己就应该听话懂事，失去了他在那个年龄段该有的任性和放肆，成为父母的"应声虫"，没有自己的主见。

听话的孩子，总是会优先考虑别人的需要，习惯听从大人的意见，所作所为都是为了让大人开心，得到大人的夸奖和认可。但是，这些评价都是来自他人的，孩子并不知道如何认识自己。一旦孩子某件事情做得不好，被大人骂"不听话"，他的自我价值就会严重受损，不断进行自我怀疑。不论做什么事情，都会自我否定，对自己失去信心，变得越来越自卑。

成功的教育，不是让孩子成长为父母期望的样子，而是让孩子随着年龄的增长，真正做到不自卑、不软弱，遇到事情能够自信地表达自己的看法。因此，父母不要总是按照自己的标准去要求孩子听话。

不要将孩子的听话当成理所当然

心理学家温尼科特曾提出"真自我"和"假自我"的概念。真自我，就是一个人在构建自我时以自己的感受为中心；假自我，就是一个人在构建自我时，以他人的感受为中心。懂事听话的孩子就很容易形成一个"假自我"，习惯听从大人的指挥，做事刻板，没有想象力。很多父母将这种"听话"当成理所当然，甚至成为向他人炫耀的资本，导致孩子失去"真自我"。因此，当父母看到孩子非常听话时，不要理所当然地向他人炫耀，而是要去引导孩子说出内心的话。

允许孩子合理任性

每个孩子都会有任性的时候，这是孩子天性的释放。当孩子任性时，有的父母会进行呵斥。这时孩子就会学着隐藏自己真正的想法，迎合父母的想法，压抑自己真实的需求。长此以往，孩子就会越来越没有安全感。所以，父母要包容孩子的任性。当然，这种包容是有限度的，不能任由孩子予取予求，成为一个人人讨厌的"熊孩子"。

对比式夸奖，用力过猛会导致孩子自卑

很多父母发现单纯地夸奖孩子"聪明""厉害"，无法取得很好的反馈效果。为了提高孩子的体验真实感，父母会寻找一个"参照物"。父母会向孩子传递"参照物"远远不如自己的观念，从而达到鼓励孩子、培养孩子自信心的目的。但是，这种对比式夸奖，一旦用力过猛，也容易导致孩子自卑。

小时候，露露的妈妈经常会夸奖露露，比如，"你是你们班最聪明的孩子"，"你比你堂弟聪明多了，长大了一定比他强"，"隔壁的小孩比起你来差远了，他都不会一个人穿衣服"……在妈妈的夸奖下，露露一直以为自己是最聪明最厉害的孩子。

但是，时间长了，露露发现自己并没有妈妈说得那么棒。有一次，露露和堂弟一起玩积木，她才搭了一半，堂弟已经搭好了，露露发现自己并没有堂弟聪明。而且她也不是班级里最聪明的孩子，从来没有考过第一。隔壁的小孩也很厉害，获得了演讲比赛的第一名……

"我并没有妈妈夸奖的那么厉害"，这个认知让露露十分受打击。在以后的日子里，她每次听到妈妈的夸奖，都会产生怀疑，"妈妈是不是在骗我"，自此以后她做事越来越没有信心。

亲戚朋友聚会聊天的时候，经常会有父母通过贬低别人的孩子来夸奖自己的孩子，比如，这孩子学习成绩也太差了，你们做家长的应该上上心，不像我家孩子，天生聪明，不用费心就能考第一；你家孩子跑得太慢了，看我家孩子跑得多快；你家孩子每天在家是不是啥都不干，我家孩子每天都会整理自己的房间……

父母的对比式夸奖，本质上是对孩子的一种评价，但这种评价并不客观，通常是盲目夸大自家孩子而贬低别人。比如"隔壁小孩太笨了，游泳都学不会，还是你最聪明，几天就学会了"，等等。这种盲目的比较会让孩子产生自我认知偏差，变得骄傲自满，而当孩子对自己的真实能力有了认知后，这种骄傲自满就会衍化成自卑。

一些父母之所以热衷于对比式夸奖，是源自内心的虚荣，爱攀比。当孩子在某一方面取得成绩时，就会忍不住在别人面前炫耀。同时，为了更加凸显自己孩子的优秀，会连带着贬低其他孩子。看起来是给自己挣足了面子，但实际上是使自己处在了非常尴尬的境地。

小峰学习很好，每次都能考班级前三名，这成了小峰爸爸的炫耀资本。尤其是对着那些孩子学习没有那么好的亲戚，小峰爸爸会说："你孩子这次考了第几名，不会又是倒数吧？小峰学习从来不用我操心，这次又考了第一名。""哎呀，我家孩子除了学习，还知道自己收拾房间，不像你家孩子，什么家务都不做。"……小峰爸爸的这一番话，让亲戚们既生气又尴尬。

在每一位父母心中，自己的孩子都是独一无二，天下无双的，也不愿意让别人说三道四。有些父母在别人面前贬低别人家的孩子，这给别人造成的伤害是无法估量的。

每个孩子都有长处，也有短处。在夸奖孩子时，父母要摆正自己的心态，秉持客观的态度，不要把对孩子的夸奖建立在对他人的评价和贬低上。

不要抬高自己的孩子

父母过分抬高自己的孩子，会让孩子变得盲目自大，无法正确认识自己的能力、发现自己的不足。因此，父母要实事求是地夸奖孩子，让孩子及时发现并且弥补不足，让他变得更优秀。

不评价其他孩子

父母在自己孩子面前评价其他孩子，会让自己孩子也变得喜欢与他人攀比。父母要让孩子认识到事物的两面性，对其他孩子做得好的方面借鉴和学习，对其他孩子做得不好的方面，学会正确辨别，不要随意下结论去评价。

让孩子与他自己比

进行对比夸奖时，父母选择的"参照物"可以是孩子自己，将孩子与以前的他进行对比，例如，孩子之前考试一直不及格，努力学习后，现在考进了班级前十名。父母就可以明确指出进步之处，并且进行夸奖，激发孩子的上进心，让他始终保持进步。

　　父母千万不要在孩子面前贬低其他孩子，既不礼貌，又会让孩子在父母盲目的夸奖中失去平常心。父母即使夸奖孩子，也要从孩子自身出发，让孩子学会与他自己对比，才能不断进步。

夸奖孩子努力的过程，而非夸奖孩子本身

当自家的孩子被夸聪明、漂亮时，很多父母都会沾沾自喜，但这对孩子来说未必是好事。经常被这样夸奖的孩子，很容易形成固定思维：以为自己天生拥有成功的特质，从而不愿努力。

有人到欧洲某国做访问时曾经历过这样一件事：

一次周末，她受当地一位教授的邀请，去参加一次家庭晚宴。她听说教授有一个5岁的女儿，于是就给孩子备好了礼物，前往教授家中。就餐期间气氛非常融洽，正巧教授的女儿走了过来，她就把礼物送给了小女孩，小女孩满头金发，蓝色的大眼睛非常可爱，她就赞美了一句："亲爱的，你长得真漂亮！"

小女孩说了声谢谢，吃过饭之后就回房间了，大人们的晚宴还在继续。这时，那位教授突然说道："你刚才跟我的女儿说了她很漂亮，我希望你跟她道歉。"

"什么？"访问者以为自己听错了，这不是父母们最喜欢听的夸

赞吗？教授继续说道："你夸赞我的女儿，我很高兴，但是你不能夸赞她漂亮，漂亮是跟遗传基因有关的，跟她没有任何关系，你的夸奖会让她以为这是她值得骄傲的资本，她也许会看不起其他孩子，所以你要向她道歉。"

晚宴结束后，访问者来到小女孩的房间，郑重其事地跟她道了歉，然后夸赞了她懂礼貌，教授微笑着送访问者出门。

当孩子把"好的结果"与"自己聪明"画等号时，就会逐渐出现认知偏差，从而产生这种心理：事情做得好自然是我聪明；做得不好就是我不聪明了，从而失去信心。这样的孩子，一遇挫折就容易灰心，且不愿意也不敢接受新的挑战。甚至会采取欺骗、说谎的手段来维持自己的聪明形象。

比如孩子学习成绩好，然后被众人夸赞聪明，那么他就会认为自己凭借聪明不用努力也能比其他孩子强。但当他发现自己的成绩不能得到别人的夸赞时，他第一时间想到的不是更加努力学习，而是期望通过作弊来维持自己的"聪明"。在孩子的成长过程中，夸奖他努力，远比夸奖他聪明更加重要。研究发现，经常被夸奖努力的孩子，会形成成长思维：相信只要自己努力，就能战胜困难。即使挑战难度升级，孩子也不会轻言放弃，随着困难不断被战胜，孩子更容易获得自信和进步。

1988年，著名心理学家卡罗尔·德韦克做了一个试验：他选取了

128名孩子，将其分为A、B两组进行拼图游戏。在试验的过程中，卡罗尔一直对A组的孩子说"你真聪明"，对B组的孩子则说"看得出来你刚刚很努力，你做得很棒"。随着拼图游戏难度的增加，被夸聪明的A组孩子放弃了挑战，即使有个别孩子参加挑战，一旦失败，就会陷入痛苦中。而B组孩子更有勇气挑战难度大的游戏，即使失败，也不会自怨自艾，心态更加健康。他们坚信，无论游戏难度有多大，最后都会找到解决办法。

在学校或者社会里，两种人最受人尊重：一种是非常聪明又非常努力，从来都不因为自己的聪明而骄傲自满的；另一种是不算聪明却非常努力，从来都不为自己的不聪明而自卑的。由此可见，努力的孩子到哪里都是受欢迎的。

所以，夸奖孩子努力、勤奋是非常有必要的，这不仅可以让孩子避免骄傲，还可以增强孩子对抗挫折的勇气，这样的孩子在面对失败的时候首先想到的是"我还不够努力，那我再努力一些"，夸赞孩子努力可以让他更努力，但是夸赞他聪明或者漂亮都不能让他更聪明、更漂亮。

很多情况下，父母甚至要故意淡忘孩子的聪明，而重视孩子的努力，并把这种理念传递给孩子，让孩子感觉到只有努力才能获得父母的认可和夸奖。例如，孩子拿着满分的试卷跑回家说："妈妈，我得了满分，老师说我很聪明。"这时候，我们应该告诉他："你是聪明的啊，但是得满分是因为你的努力，你每天都按时完成作业，每天都认真听讲，这才是你得满分的原因。"只有这样才能将"勤奋努力"这四个字烙印在孩子的心里。想激励孩子取得更好的成绩，那么就鼓励夸奖他们的勤奋刻苦吧。

灵活掌握夸奖的尺度

夸奖并没有固定的形式和统一的标准，在不同的事情上夸奖应该有区别。例如，孩子独立完成作业，是日常小事，父母口头表扬一下孩子即可；若孩子主动帮忙做家务，父母要给夸奖"加码"，除了口头夸奖外，父母还可以给予一定的物质奖励。

引导孩子去努力

当孩子某件事情做得不好时，父母要引导孩子去努力，争取做得更好，而不是直接批评孩子做得不好，打击他们的积极性。例如，孩子画了一幅画，但是色彩运用得不好，父母可以先肯定孩子的努力，然后再引导地说出："看得出来，这幅画你画得很用心，这些地方比以前画得好多了，只是颜色有点儿问题，我们来试一下用这个颜色是不是可以画得更好？"这样既能夸奖孩子，又能帮助孩子进步。

引导孩子努力远比夸奖他有天赋重要得多，因为孩子的自信是在努力取得的每一点进步中建立的。

肯定孩子的每一点进步，增强其自信

很多父母对孩子各方面的进步总是视而不见，却对孩子的一些消极行为过度关注，并提出严厉批评。这样做，不仅无法纠正孩子的消极行为，还会打击孩子的自信，让他越来越自卑。

10岁的尼卡欺负了比他小的孩子，妈妈狠狠地批评了他一顿。

第二天，尼卡将自己的糖果分给小朋友们吃，并且向昨天欺负过的小朋友道歉，但是，妈妈什么也没说。

到了第三天，尼卡又和小朋友打架了。妈妈非常生气，命令他去面壁思过半个小时。

父母总是认为孩子做错事就要批评，而进步则是理所当然的，就算看在眼里，也懒得说出来，唯恐孩子因此骄傲自满。但这样一来，孩子看不到自己的进步，就会产生自我怀疑，越来越自卑。另外，这也会让孩子产生父母对自己漠不关心的感觉，认为自己的努力白费了。时间长了，孩子就会失去前进的动力，而原有的进步也会因为得不到强化而退步。

父母不愿意给出表扬的一个原因是习惯用大人的标准要求和衡量孩子。在大人看来，那一点点进步根本不值得提出来，更不值得大张旗鼓地表扬。另一个原因是父母对孩子寄予的期望太高，总是希望孩子能够一下子达到他们的要求，对于孩子微小的进步根本不在意，权当没看到。

教育专家认为，父母应该学会适当忽视孩子的错事，不应该抓住不放，而是应该在孩子做对事情的时候，对他进行夸奖和鼓励。父母的每一个微小的鼓励，都是强化孩子积极向上的最好方式。

量变可以引起质变，每一个微小的进步积累起来，就能让孩子产生很大的进步。所以，父母应该鼓励孩子的点滴进步，让他变得更加强大和自信。

泰国曾经拍过一个有关鼓励孩子进步的短片，短片中小男孩在练习踢足球，但是他踢得并不好。这天，小男孩踢完球，很沮丧地对妈妈说："妈妈，我踢得没有别人好。"

妈妈并没有批评他，而是笑着说："之前你还不会用头顶球呢，但是你现在已经可以时不时地用头顶球了，这已经很棒了。"

当小男孩一直因为追不上别人而失落时，妈妈对他说："上个星期，你已经追上了一个人，现在你再努力一点，追上前面那个人就可以了。"

…………

在妈妈的鼓励下，小男孩一天比一天进步，到了比赛的时候，他终于爆发出了巨大的能量，为球队争取了胜利。

及时发现孩子的进步，代表了父母对孩子的关心和重视，传递给孩子一种强大的精神力量。这种力量不仅可以让孩子更加努力和自信，还能激发孩子奋发向上。即便看到自己和别人的差距，孩子也不会轻易失去信心。那么，怎么肯定孩子的进步才能给他最大的鼓励呢？

及时表扬

当父母发现孩子取得进步后，不要置之不理，哪怕这点儿进步很微小，更不要等事后再赞扬孩子，应该及时地赞扬孩子所取得的成绩。尤其是孩子主动向父母展示自己取得的成绩时，父母无论再忙也要停下自己手中的工作，真诚地给孩子一些赞美和鼓励，让孩子感受到父母的重视和关心。

具体描述进步

对于孩子的进步，父母要进行具体描述，让孩子明确地感受到自己的进步。例如，孩子从来不做家务，回到家就把东西乱扔。有一天他忽然整理了自己的玩具，妈妈就可以说："以前你都是乱扔玩具，现在都会自己整理了，真是太棒了！你看，现在房间变得十分整洁，看着是不是十分舒服？"通过父母的描述，孩子知道自己具体哪个地方进步了，哪个举动获得了父母的表扬，以后他就会继续朝着这个方向努力。

　　肯定孩子的每一次进步，可以激发孩子身上的无限潜能。无论是学习方面还是生活方面，父母只要发现孩子有了进步，就应该第一时间给予肯定和建设性的鼓励。

孩子失败了，不要盲目安慰

　　每个人都有失败的时候，所以孩子做事失败是很正常的，最主要的是我们该如何来面对失败。有些父母为了鼓励孩子会忽略孩子的失败，盲目安抚他。无视孩子的失败，反而会让孩子变得无法接受失败。

　　妈妈最近发现乐乐身上出现了一个缺点，就是不能接受自己失败。有一次，乐乐和小朋友比赛踢球，输了就大哭。还有，和姐姐一起玩拼图，姐姐先拼完了，乐乐就把拼图一扔，说再也不和姐姐一起玩了。

　　妈妈问乐乐，为什么一输就闹脾气？

　　乐乐说："妈妈，你不是说我是最棒的吗？"

　　妈妈这才想起来，以前为了让乐乐更自信，就算乐乐做事失败，自己也是以鼓励为主。结果，这样做不仅没有让乐乐变得更好，反而让他无法接受自己的失败了。

当孩子做事失败的时候，父母认为鼓励、安抚一下才是最好的，这样就不会让孩子失去信心。然而，盲目地夸奖只会让孩子变得盲目自信，甚至自负。在父母的夸奖中，孩子会认为自己无所不能，以至于无法正确地看清自己的能力。一旦遭受挫折或失败，总是被鼓励的他突然发现自己没有那么棒，会有更深的挫败感，就容易一蹶不振。

例如，孩子在比赛的第一轮就被淘汰了，父母依然夸奖他"你是最棒的"。孩子就会产生怀疑："我是最棒的，为什么还会被淘汰？"进而发现父母是骗自己的，根本不能从父母的鼓励中得到安慰和力量，更不用说重拾信心。

孩子经历失败，心情必然会很低落，父母要承认孩子的这种感受，鼓励他说出自己的感受，释放内心的负面情绪是积极面对失败的开始。

王晴报名参加了青少年羽毛球比赛，为此她准备了一年，结果第一轮比赛就被淘汰了。因此，她一直闷闷不乐。

这天，妈妈对王晴说："女儿，我看你这几天一直不开心，是不是还在想比赛的事情？"

王晴："是的，妈妈。"

妈妈："能和我说一下比赛当天的情况吗？"

王晴："那天的感觉真是非常不好，一开始就遇到了排名前三的选手，她实在太强了，刚开局就让我丢了好几分。后来，我想着你说的输球不输人，就算输也不能输得那么难看，就奋起直追打得她满场跑，追回了几分。可惜，前面输了太多分，到最后也没有追上。"

妈妈："输掉了比赛，你心里一定很难过。不过，我看到你学会在比赛中调整自己，这很好，妈妈很高兴。"这个时候，妈妈肯定了王晴在比赛中的努力。

在妈妈的引导下，王晴开始滔滔不绝地说了起来："嗯，第一场比赛太惨了，所以第二场比赛我调整了过来，打败了对手。"

妈妈："这很好，这次比赛虽然最后输了，但是你把自己的水平打出来了，也是不小的收获。"妈妈继续肯定。

王晴："嗯，我现在觉得教练每天对我们说的话都是对的，之前我真应该好好练习。"

妈妈："现在你能和我理性地聊比赛，我很开心。之前，可能是因为我没有好好陪你，所以你才发挥不好。不过，这次比赛让你认识到了这些道理，即使输了也非常有价值。接下来，你需要好好练习，争取下一次比赛进入决赛。"

在妈妈的开解下，王晴走出了失败的阴影，开始认真练习打羽毛球。

在成长过程中，每个孩子都会遇到挫折。孩子受挫后若没有及时得到父母的引导，就很容易失去信心，遇事退缩，成为一个软弱的人。若孩子受挫后及时得到父母的引导，就可以坦然面对挫折，养成强大的毅力和坚强的性格。

那么，父母如何鼓励失败的孩子，让他重拾信心呢？

共情鼓励

当孩子失败时，父母需要进行换位思考，与孩子共情，才能更好地鼓励、安慰他们。例如，孩子考试考砸了，很失落，你可以说："你是因为没考好所以不开心吗？妈妈在你这个年纪，也会经常考不好，下次我们努力就可以了。"与孩子共情，才能更好地体会他们的感受，然后循序渐进地进行鼓励，才能让孩子勇敢地面对挫折。

行动鼓励

若孩子的年龄还小，父母可以亲自示范，用实际行动教孩子如何取得成功。例如，孩子玩搭积木游戏，总是没搭几块就倒了，一失败就哭闹发脾气。这时，父母告诉他"耐心点""没关系，再来一次"等是没用的，这些话并不能鼓励到他们。父母不妨和孩子一起搭积木，并告诉他们搭积木的技巧。当孩子成功搭积木一次后，父母及时夸奖他们，孩子慢慢就不会因为失败而发脾气了。

失败，是孩子成长过程中必须经历的体验。只有经历多次失败，并且战胜失败，孩子才能变坚强。失败不可怕，不能接受失败的心理才是最可怕的。当孩子遇到挫折时，父母可以运用上面的方法，帮助孩子走出失败的阴影。

理解和肯定孩子错误背后的善意动机

大多数父母往往只重视结果，不关心孩子做事的动机，事情结果是好的就表扬孩子，事情结果是坏的就责备孩子。在父母的批评下，孩子会越来越没有自信。

有一位爸爸发现自己儿子偷了家里的钱，非常生气。他把儿子叫到跟前，非常严厉地说："你为什么要偷家里的钱？是不是出去做坏事了？"

儿子看到爸爸生气，非常害怕，站在那里哭，不说话。

爸爸："偷钱你还有脸哭，自己在这里好好反省。"

到了晚上，孩子的情绪还不高，妈妈去房间问他："你真的拿了爸爸的钱吗？"

孩子沉默地点了点头。

妈妈："可以告诉妈妈，你为什么要偷拿钱吗？妈妈不会生气的。"

孩子红着眼睛说："小区里有一只很可爱的流浪猫，我拿钱给它买火腿肠了。"

妈妈："虽然你偷拿钱的行为是不对的，但是你的动机是善意的，你可以直接和妈妈要钱去买火腿肠。下次你去喂猫的时候，妈妈可以一起吗？"

孩子听了妈妈的话，重新振作起来。

每个人做事的背后，都有自己的动机，孩子也不例外。孩子的年龄还小，尚没有形成正确的是非观念，因此并不知道自己做事的动机会导致恶劣的后果。例如，孩子喜欢打游戏，可能是出于好奇、挑战、成就感等，并不一定只是因为贪玩。

若父母根据结果武断地认为孩子是错的，对孩子进行批评，孩子无法进行申辩，便会产生无助感。若孩子将这种无助感隐藏在心中，自我认识就会产生偏差，认为自己很坏，并且朝着坏方向发展。若孩子一开始的动机是善意的，父母仍然横加指责，孩子就会认为善意是错误的，从此不会再秉持善意做事情。

鲁迅先生曾说过："孩子的世界，与成人截然不同，倘不先行理解，一味蛮做，便大碍于孩子的发达。"

我们可以不接受孩子的行为结果，但是不能一味否定行为背后的动机。一味地否定，只会让孩子变得不愿意与家长沟通，进而封闭自己的内心。父母无法进入孩子的内心世界，就不能体会孩子想要将事情做好却失败的感受，也不能与孩子产生共情，去有效地安慰他。

因此，父母看到孩子犯错时，首先要将他的行为和动机分开。若孩子一开始的动机是坏的，父母可以给予批评。若孩子一开始的动机是好的，那么父母就需要学会理解、肯定孩子的动机。只有这样，父母才能从本质上了解孩子的内在心理，更好地理解孩子的行为，然后去纠正他。

孩子做错事情很正常，父母要学会理解孩子，那么，具体应该怎么做呢？

先问为什么

很多父母情绪上来的时候，会不管不顾，只想责骂孩子发泄情绪。这样做，只会让孩子害怕父母，对犯错产生一种恐惧感。孩子犯错，父母不妨先问为什么，了解孩子的做事动机。例如，孩子打碎了盘子，妈妈不要急着责怪孩子不小心，而是要问他"为什么要拿盘子？"孩子开始只是想帮妈妈的忙，动机是好的。妈妈可以先肯定孩子的动机，然后告诉他："你现在还小，等长大一点再帮妈妈的忙吧。"这样可以帮助孩子快速地从失落情绪中走出来。

引出这么做的坏处

有时候孩子做错事是无意识的，父母可以用引导性思维让孩子明白这样做的坏处。父母可以引导孩子思考：你做这件事是想要达到什么目的？这样做对你有什么好处？你从中得到了什么？……一步步引导孩子明白坏的动机对他没有任何好处，进而纠正坏的动机。

父母不仅要肯定孩子的动机，还要善于发现那些能激发他好行为的动机，并帮助他们逐渐稳固下来，形成一定的动力定型。

第三章

—————— 支持尝试和探索 ——————
——孩子的自信来源于做到

培养自信，从力所能及的家务做起

马蒂·罗兹曼教授研究发现："三四岁就开始帮家里干家务的孩子，长大后会变得更加自信和自律，拥有更好的人际关系，也更容易在事业上做出成绩。"

衣来伸手、饭来张口，从不做家务的孩子长大之后会产生依赖性。遇到问题，首先想到的是退缩，依靠父母来解决，而不是自己想办法。父母应该鼓励孩子从小就做一些力所能及的家务。比如，吃饭的时候，让孩子帮助摆碗筷；打扫卫生的时候，让孩子整理自己的玩具；做饭的时候，让孩子帮忙择菜……当孩子成功地做完手中的家务后，及时给予表扬。慢慢地，孩子的独立意识和动手能力越来越强，对自己的能力也会越来越自信。同时，帮父母做家务还可以让孩子体会父母做家务的辛苦，从而让孩子意识到自己的责任。

此外，做家务也可以磨炼孩子的意志。对于初学的孩子而言，做家务并不容易。以扫地为例，想要打扫干净，并且没有灰尘扬起，孩子需要掌握好扫地的力度，也许还需要搬开椅子，一开始不能立马就做好。孩子一开始觉得扫地困难，最后在父母的鼓励下，有始有终地把地打扫干净，这个过程就锻炼了他的意志。而且，当孩子发现扫地并没有想象中那么困难，自己完全能够胜任时，他就会变得自信起来。即使以后遇到了困难，也会以自信的心态去尝试挑战。

做家务虽然看上去是一些小事，但是对于培养孩子的自信和独立能力有着深远的意义。那么，安排孩子做什么家务比较好？

选择适合孩子的家务

做家务应该"从娃娃抓起"，但父母也需要考虑孩子的年纪。若是家务太难，孩子无法完成，很容易打击他们的积极性。不同年纪的孩子，适合做的家务如下：

1—2岁：在大人的提示下，做一些简单的事情，如将尿不湿、用过的纸巾等小垃圾扔到垃圾桶中。

2—3岁：可以帮大人拿东西、偶尔整理玩具、用自己的汤勺吃饭、简单刷牙等。

3—4岁：可以独立洗手、独立使用马桶、简单叠衣服、自己穿衣服、仔细刷牙、收拾玩具、用筷子吃饭等。

4—5岁：浇花、整理床铺、叠自己的衣服等。

5—6岁：帮妈妈打扫卫生、铺床单、将脏衣服放进洗衣机、自己准备第二天上学的东西、把当天用过的东西放回原处等。

6—7岁：独立打扫房间、帮妈妈做饭等。

7—12岁：独立做一些简单的饭菜、打扫卫生、拖地、独立洗衣服等。

设计"做家务"游戏

将"做家务"设计成一个趣味游戏，让孩子在快乐中锻炼自己。例如比赛择菜游戏，妈妈将蔬菜分为两堆，让孩子选择其中一堆，自己选择另一堆，看谁先择好。比赛时，父母可以让着孩子，让他"赢得"比赛，产生愉悦感。通过一次次"做家务"游戏，孩子就会养成热爱劳动的好习惯。

创造"做家务"的环境

父母需要主动为孩子创造"做家务"的环境，例如，要考虑洗碗台是否太高，需不需要给孩子配备凳子，房间方不方便整理，等等。做家务本身就是一件麻烦的事情，父母可以提前解决一部分家务，降低难度，让孩子更容易完成，提高孩子的成就感。

做好计划表

父母可以制订一张家务计划表，每个家庭成员都分配合理的家务劳动，如爸爸洗衣服、妈妈做饭、孩子摆碗筷等。每次完成任务后，由其他人进行打分，每周获得最高分者，可以实现一个合理的心愿。

谨记安排孩子做家务，不宜过于繁多劳累，避免孩子产生畏惧和厌恶心理。为了让孩子爱上做家务，父母还可以设置角色扮演的游戏，让孩子假设自己是一个清洁员，自己将东西收纳整理后由父母进行检查，并发放相应的"薪资"鼓励。当枯燥的家务变身为趣味游戏后，自然更容易吸引孩子。只有给孩子充足的锻炼机会，让他们获得足够的成就感，他们才能成为自信的人。

孩子主动要求帮忙，不要轻易拒绝

孩子天生具有探索、模仿的能力，当大人在忙的时候，他们也会主动要求帮忙。初衷是好的，但结果往往不尽如人意。为了避免孩子越帮越忙，多数父母都选择了直接拒绝，不让孩子帮忙。

王丽正在洗衣服，女儿说："我想帮妈妈一起洗。"结果，没过一会儿，女儿就弄得身上、地上都是水。王丽害怕女儿感冒，赶忙给她换衣服，然后去擦地，女儿又抢着来擦地，甩得墙上、门上都是水。衣服没洗完，还要收拾女儿的烂摊子，王丽生气就吼女儿："你真是越帮越忙，上一边老实待着去。"

女儿被妈妈的吼声吓哭了，从这以后，她再也不主动要求帮忙干活了。

这样的情景，几乎每天都在每个家庭中上演。为什么父母总是拒绝孩子的主动帮忙呢？

一个原因是，父母认为孩子的年龄还小，并不具备帮忙的能力，在帮忙的过程中很容易遇到危险，如被刀割破手、被热水烫到、被笤帚绊倒等。

另一个原因是，孩子本身做家务的能力还很差，会让父母陷入"越帮越忙"的困境中，如本来地扫干净了，结果孩子帮忙却把垃圾桶打翻了，越帮越乱。

很多父母会有这样的想法：与其让孩子越帮越忙，不如自己赶紧忙完，然后陪孩子玩。这样做，虽然可以减少麻烦，但是会扼杀孩子的积极性。有的父母为了拒绝孩子，会对他说"这个你不会""你还太小，不能做这个"……这本身就是对孩子能力的一种否定。孩子长期听父母说"你不行""你不会"，会产生自我怀疑。在以后的生活中，无论做什么事情都会认为自己无法胜任，久而久之变得越来越没有自信。

父母总是拒绝孩子帮忙，还会让孩子的动手能力变差。孩子的动手能力是在锻炼中培养的，父母不让孩子帮忙，就等于扼杀了孩子锻炼的机会。得不到锻炼，做事就容易出错，时间长了就会觉得自己什么都做不好。

那么，面对孩子热情满满的请求，父母应该如何应对？

允许孩子犯错

孩子做事出现"帮倒忙"的情况很常见，即使会给父母造成一定的麻烦，父母也要多给孩子一些宽容和耐心。这是孩子学习和成长的好机会，在父母耐心的陪伴和引导下，孩子会不断地改正自己的错误，最终成长为一个出色的人。

寻找"帮倒忙"的原因

出现孩子"帮倒忙"的情况时，父母首先要做的就是寻找孩子帮倒忙的原因。只有找到了原因，才能想出合适的解决办法。例如，孩子主动要求帮忙洗衣服，但是年龄太小，无法完成父母布置的任务，就会越帮越忙，这时可以给孩子安排适合他年龄段的家务，这样他就不会帮倒忙了。

教孩子掌握做事的技巧

当孩子总是帮倒忙时，父母可以告诉孩子一些做事的技巧。例如，父母正在包饺子，孩子要求帮忙，结果包的饺子是破的。这时，父母可以给孩子示范如何包饺子，如该放多少馅儿，如何捏边，成型的手法等。若孩子还不会，父母可以手把手教孩子。或者，孩子帮忙扫地，结果弄得尘土飞扬，还没扫干净。父母给孩子示范正确扫地的动作、力度和怎么使用笤帚更省力等。等孩子掌握了做事的技巧后，就再也不会帮倒忙了。

父母需要学会分辨孩子的请求，当孩子提出的帮忙要求完全超出他的能力范围时，父母要立马拒绝。但是，一定要告诉他拒绝的原因。

适当示弱，提升孩子自信

许多父母在孩子面前都是一副"超人"形象。他们认为应该在自己的孩子面前树立权威，并且非常享受被孩子崇拜的感觉。更重要的是，他们认为在孩子面前示弱，是一种很丢脸的行为，会破坏自己在孩子心中的伟大形象，降低孩子对自己的信任感。其实，父母越是强势，孩子越是懦弱。适当示弱，反而会让孩子变得强大。

有一个妈妈生病了，但还是强撑着给孩子洗衣做饭，结果孩子一边看电视，一边抱怨饭不好吃。另一个妈妈生病了，则明确告诉孩子自己不舒服，孩子不但懂事地自己做饭，还给妈妈端水送药。两者的区别，就在于第二个妈妈会向孩子示弱。

在很多孩子的眼中，父母就像是超人一般，能够解决自己的所有需求。有些父母面对孩子崇拜的眼神，甚至会非常自豪。但是，父母越是强大，孩子的依赖心理越强。在能干的父母的衬托下，孩子会感觉自身是很弱小的，会事事依赖父母，丧失动手能力。这样孩子在以后的生活、学习和工作方面，也会成为一个没有责任担当的人。

适当向孩子示弱，是一种智慧，可以给孩子一定的自主权，从而激发孩子的信心。

妈妈下班回家，累得半躺在沙发上。这时，她8岁的儿子过来说："妈妈，和我一起玩拼图。"

这位妈妈并不想玩，只想好好地休息一下。但是，她知道儿子还小，让他明白自己很辛苦是不现实的。于是，这位妈妈轻轻地对儿子说："妈妈今天身体有点儿不舒服，头很疼，能把你的肩膀借我靠靠吗？"

儿子有些不明所以："就像平时我靠着你一样吗？"

妈妈点了点头，儿子觉得很有意思，于是坐到沙发上，把头歪在一边，将小肩膀靠向妈妈，说："妈妈，是不是靠着我的肩膀你的头就不疼了？"

妈妈将头轻轻地靠在儿子的肩上，夸奖他："是啊！我的儿子已经长大变成男子汉了，可以保护妈妈了。"

儿子听了很高兴，从这以后，经常会主动保护妈妈。

父母主动向孩子示弱，可以让孩子产生被需求感。只有孩子感觉到自己被需要了，才会产生保护欲和责任感。当孩子帮助了父母并获得肯定后，他内心的成就感会倍增。若一个孩子内心拥有很强的成就感，他的自信心也会随之增强。

懂得示弱的父母，还能为孩子创造独立的机会，让孩子变得自强自立。若孩子习惯了父母的照顾，他们就会认为现在享受的一切都是理所当然的，遇到事情首先想到的是让父母解决，而不愿意自己去尝试。父母主动向孩子寻求帮助，可以让孩子明白父母并不是无所不能的，孩子需要学会自我成长，才能变得强大，敢于面对困难和挑战。

父母的适当示弱，可以让孩子参与到生活中，在实践中获得自我认同感和经验，也可以在锻炼中不断培养自信心。那么，父母如何向孩子示弱呢？

有分寸地示弱

父母向孩子示弱时，要掌控好分寸。过度示弱意味着软弱，会给孩子造成巨大的压力，还会让孩子觉得父母不可依靠，对父母失去信任。因此，父母要选择好示弱的场景，拜托的事一定是孩子力所能及的。例如，下班累了，让孩子帮忙倒杯水；感冒了，让孩子帮忙拿药；手受伤了，让孩子帮忙洗菜……不要在孩子无法承担的事情上向孩子"撒娇"，这样不但不会让孩子成长，反而会打击他们的自信心。

有方向地示弱

父母想要锻炼孩子哪方面的能力，就要在哪个方面多示弱，让孩子帮忙解决问题。例如，妈妈想要锻炼孩子画画的能力，就可以故意画一幅丑画，对孩子说："妈妈这幅画用的颜色太丑了，你可以帮妈妈找一个漂亮的颜色吗？"孩子就会主动去画画。

向孩子请教

让孩子成为自己的"小老师"，多向孩子请教，能在无形中给予孩子鼓励，让他变得更自信出色。例如，孩子正在上小学三年级，父母可以经常向他请教一些简单的字的读音、数学公式等。当孩子"教"

会了父母，内心会产生成就感和自豪感，也会变得越来越自信。

父母向孩子示弱并不丢脸，聪明的父母不会为孩子安排好每件事情，而是让孩子学会独自去尝试，不断积累经验，这样他们才能有勇气和能力迎接未来。

孩子的自信，藏在每个独立完成的冒险里

　　在父母的眼里，孩子是幼小的，是需要保护的。若是孩子离开自己的视线，就会出现危险。比如，孩子独自过马路，会被车撞；孩子独自出门，会被人拐走；孩子独自去买东西，会走丢……因此，他们总是将孩子保护在自己的羽翼下，杜绝任何危险的发生。

　　孩子的安全问题是第一重要的，但父母过度的保护也会让孩子什么都不敢尝试，对做什么都没有自信。《被过分保护的孩子》一文中指出，当代父母太过关注孩子的安全，过度的保护会将独立、冒险和探索的精神从孩子的童年中剥离，孩子并没有变得更好。尤其是随着孩子自由玩耍的时间不断减少，他们的心理很容易出现障碍，儿童焦虑症和抑郁症的发病率更高，长大后也更容易出现自杀倾向。

　　儿童早期教育学家艾伦·桑德斯特教授也发现，孩子若没有机会用社会可接受的方法体验冒险，可能会转向更鲁莽、极端的行为，比如暴力倾向、酗酒等。

　　父母保护孩子的行为是可以理解的，现在网络上充斥着各种儿童

意外事故、拐卖绑架儿童等负面信息，冲击着家长。为了保证自家孩子的安全，父母自然会给孩子制定各项规则，让他们远离一切危险的事物。

父母过度保护不可取，危险又时刻存在，怎样才能给孩子适度的保护，在不影响孩子心理健康的情况下，给他们一个快乐的童年呢？

有儿童安全专家认为："合理的冒险对儿童的健康成长来说至关重要。"孩子的每一次独立冒险，都是一次成长的契机。只有亲自尝试了，并确定自己能够完成，孩子才会不惧怕事情。大多数父母认为，除非有大人的保护，否则孩子就不能独自面对危险，因为他们没有能力处理好遇到的危险。但是，这样的想法显然不符合自然规律。

桑德斯特曾在《进化心理学》杂志中写道："孩子有尝试危险和刺激的天然心理需求。在非常冒险的活动中，孩子们起先是被吓坏了，但随后就可以战胜这样的恐惧。"所以说，自孩子出生后，他们就具备了在游玩中冒险的天性，父母不应该阻止。

《第一次上街买东西》一书中，就讲了美依独立"冒险"的小故事。

有一天，妈妈在非常忙碌地做家事，正好家里没有牛奶了，妈妈说："美依，家里没有牛奶了，妈妈忙不过来，你能一个人去买牛奶吗？"

美依立马答应了："能，我都已经五岁了。"

在美依走之前，妈妈告诉她两件事情："第一件事，你要小心路上的车子；第二件事，别忘了找钱。"

美依紧紧地攥着钱，勇敢地走出了家门。这是美依第一次一个人上街，她的内心有些不安。突然，一辆自行车冲了过来，美依吓了一跳，紧紧地靠在墙上。虽然有些害怕，但是美依完成了妈妈的第一个要求。

去的路上，美依不小心摔倒，膝盖磕破了，钱也掉地上了，但她坚强地没有哭，而是捡起钱，继续朝着商店前进。

终于到了商店，里面却没有人。美依鼓起勇气喊了一声："我要买牛奶。"声音却被路过的汽车盖住了，依然没有人理她。商店接二连三迎来顾客，店主始终没有注意到美依。

就在店主准备回里屋的时候，美依突然大喊："我要买牛奶！"

店主这才注意到美依，连连向她道歉，并且将牛奶拿给她。

美依强忍着眼泪，将钱递给店主，然后接过牛奶，转身就跑了。这时，店主追了上来，将找的零钱递给美依。

回去的路上，美依遇到了来接她的妈妈，跟着妈妈一起回家了。

美依一个人上街买东西的过程中，她经历了紧张、害怕、不安、委屈等情绪，甚至还受到了意外伤害，但是她勇敢地战胜了害怕和怯懦，成功地完成了妈妈给的任务。在这次经历中美依的所有体会都会成为她人生中的宝贵财富。每当遇到困难时，她都会想起这次经历，并且坚持下去，直到战胜困难。

台北市奎山中学执行董事王立天博士说："不要低估了孩子们的自我保护能力。有的时候我们要让他们去经历，去体会，去面对，去感知。为了培养孩子战胜对危险的'恐惧'。"为此，父母可以鼓励孩子去适度冒险。

探究高度

孩子在高的地方可以获得"鸟儿的视角"，高度可以激起孩子的恐惧，例如，荡秋千、坐摩天轮、坐飞机游戏等。

使用"危险"的工具

尖利的剪刀、锋利的小刀、沉重的锤子等，与其禁止孩子去碰，不如教孩子在使用的时候保护自己不受伤害。

认识"危险"的地方

池塘、水池、火炉等地方是父母觉得危险的，但父母可以有意识地带着孩子在这些地方玩耍，让孩子认识这些环境，并教他们一些预防危险以及自救的常识。

独处

在父母眼里，独处也是危险的，比如小点儿的孩子可能从阳台上坠落，可能玩火、玩水、触电、给陌生人开门等。但孩子免不了要独处，父母除了要做好环境防范，对于大点儿的孩子，可以教他们认识独处的各种风险，以学会规避。

玩速度游戏

让孩子体验到对速度的恐惧，如骑自行车、滑轮等。

父母需要学会放手，给孩子足够的时间和空间去独自成长，同时，及时和孩子分享"冒险"的体验，才能增强他们的自信心。

尊重孩子的奇思妙想，支持孩子去尝试

　　孩子的小脑袋中总是会时不时地出现一些稀奇古怪的想法，一会儿是一个好奇宝宝，不停地问爸爸妈妈"为什么"，一会儿又化身为破坏大王，拆闹钟、拆玩具、破坏家里的东西……父母对此烦不胜烦。

　　其实孩子并不是故意去破坏某件东西，而是具有好奇心，对一些东西很感兴趣，这是学习探索的一种表现。孩子对这个世界最初的感知都是来自触觉，他们习惯通过触摸去探求未知的东西。等到了一定的年纪，他们又发明了新的探究方式，开始破坏周围的环境，摔东西、肢解玩具、撕书，其实这类行为都是再正常不过的了。从某种程度上来说，不具备破坏力的孩子才是不正常的。

　　但是，在父母的眼中，这却变成了一种问题行为。面对孩子的问题和"破坏"，很多父母会去敷衍、阻止他们。等到父母渐渐失去耐心时，就会训斥孩子。在父母的打击下，孩子会逐渐沮丧，失去好奇心和探索世界的欲望和动力，做什么事情都没有信心。

　　让孩子保持好奇心很重要，它是一种内在动机，刺激孩子主动去学习和思考。伟大的物理学家牛顿就是因为苹果砸在自己头上，而发现了万有引力定律。

科学研究发现，好奇心不仅可以让人们主动去学习，在学习中获得快乐，而且它还能延长记忆时间，提高人们的动手能力。

小鹏将家里的电铃拆下来弄坏了。为了修复电铃，他翻了很多书，终于找到了电铃的修复原理。为此，小鹏找来了电池、小电机。但是，修复电机还需要用到盐酸，家里并没有。小鹏想："我是不是可以用盐和醋来代替呢？"

接下来，小鹏进行了自己的试验，最后失败了。这时候，爸爸告诉小鹏，醋是弱酸，并不能与盐发生反应，所以不能生成盐酸。

小鹏觉得爸爸好厉害，什么都懂。爸爸趁机告诉他，如果想了解更多科学小实验的原理，可以一起借些书来看。小鹏高兴地答应了。

孩子的好奇心和创造力是天生的，动手能力也只是他们探索世界的一种工具。他们可能会将家里弄得乱七八糟，这时父母要学着去理解。父母与其责骂孩子，打击他们的积极性，不如对孩子进行积极的引导，和他们一起去摸索。那么，如何才能尊重孩子的好奇心，让他们不断地探索世界呢？

创造满足孩子好奇心的环境

孩子的好奇心是时刻存在的，日常生活环境到处都可以给孩子提供探索资源。当孩子到了一个情境中时，父母首先要做的就是消除环境中的不安全因素，然后就可以放手让孩子去探索。

鼓励孩子去验证奇思妙想

当孩子冒出一些奇怪的想法时，即使这些想法听起来很荒唐，父母也不要急着去否定。这是一个培养孩子创造力的绝好机会，父母可以鼓励孩子去验证自己的想法。父母可以根据孩子的兴趣，为他们提供实践奇思妙想的材料和工具，引导孩子提出相关问题，并且给孩子解惑。例如，孩子看到一个盒子，认为它很像一只船，妈妈就可以鼓励他去尝试一下是否真的能做成船，在水面上漂浮。

引导孩子弥补错误

孩子在探索世界的时候，可能会犯一些小错误，比如，打碎了碗、弄坏了小家具、拆了玩具等。这时，父母不要指责孩子，而是要引导孩子思考"如何能弥补错误"。例如，孩子将玩具拆开了，父母可以和孩子一起重新组装。对于损坏的一些贵重物品，比如钟表，自己不能修理的，可以带孩子去专门的修理店寻求帮助。

若父母引导得好，那孩子的创造力和想象力就是无限的。所以，父母要善于挖掘和发现孩子的奇思妙想，给予支持。当孩子遇到困难时，也要给孩子合适的指导，并且鼓励他继续下去。

让孩子多多体验小成功

正所谓望子成龙，望女成凤，父母对孩子都有着很高的期望，经常会给孩子制定一些过高的目标，如考第一名。过高的目标不仅无法帮助孩子很好地进步，还会给孩子带来巨大的压力，甚至让孩子产生自卑心理。

网上有一个热门视频，内容讲的是一名小学生离家出走，然后被好心的路人送到了警察局，恰好遇到了前来报警的爸妈。

戏剧性的一幕是，父母认出了自己的孩子，想要带他回家，孩子却矢口否认，说这两个人不是自己的爸妈。

民警再三核实下确定这两个人就是男孩的父母，于是问孩子为什么撒谎，不愿意与自己的父母相认。

孩子表示，父母对自己管教得很严格，每次都规定他必须考前三名，如果没有达到要求就要接受惩罚。这次考试，自己不仅没有考进前三名，还有一科不及格。由于害怕受到爸妈的惩罚，才会离家出走。

为什么父母给孩子设置过高的目标会导致孩子自卑？

一是，目标过高，孩子很难完成，父母也会对此感到失望。有些父母还会因为孩子完不成目标而训斥孩子，甚至奚落打骂。孩子会因此而感到无助，对学习失去信心。当孩子长期陷入这种灰心的情绪中时，就会变得越来越自卑。

二是，孩子没有完成目标，即使父母没有惩罚，孩子内心依然会产生挫败感。心想自己是不是很笨，无法让父母对自己满意。在这种长期的心理暗示下，孩子的表现会越来越差，越来越觉得自己笨，陷入一个死循环中。

由此可以看出，过高的目标只会让孩子失去信心，产生畏难情绪，不能正确对待挫折和挑战。孩子长期陷入负面情绪中，很难从目标设定中获得积极的引导力量。

在孩子的世界中，一次小小的失败，就足以打击他们的自信心，甚至因此毁了他们的一生；而一次小小的成功，可能会激活孩子潜在的巨大自信，使他们走向新的成功。

鑫鑫的学习成绩很差，经常考倒数，父母成天着急上火，经常骂他。在父母的责骂下，鑫鑫对自己越来越没有信心。

有一天，鑫鑫的妈妈看到了一篇文章，说想要让孩子变得自信，需要让他经常体验成功。于是，鑫鑫的妈妈改变了教育策略。

早上，鑫鑫起床顺手将被子叠好了，妈妈说："真勤快，被子叠得很整齐。"妈妈看到鑫鑫在扫地，对他说："扫得真干净，太棒了。"鑫鑫数学考了60分，妈妈说："这次你考及格了，你离满分又近了一步，妈妈给你做好吃的奖励你。"……

在妈妈的多次夸奖下，鑫鑫不断体验到了成功的感觉，越来越喜欢做家务，成了一个家务小能手。之后，鑫鑫像是变了一个人一样，越来越自信，对学习也重新燃起了热情，成绩不断提高。

让孩子多体验成功，对他们的成长有着重要意义。不断体验成功，可以让孩子的自尊心得到满足，自信心得到增强。那么，父母如何让孩子多体验成功呢？

进行目标分解

过高的目标，孩子短时间内无法完成，父母不妨来分解一下目标。例如，你希望孩子数学考满分，但实际上孩子经常考试不及格。那么，父母一开始制定的目标可以是提高10分。这个目标很简单，孩子只要稍微认真学习就可以达到。孩子完成目标后，父母要及时进行夸奖，增强孩子成功的体验。接着，父母可以以10分为一个小阶段，让孩子分阶段完成目标。

设计简单小游戏

游戏不仅可以吸引孩子的注意力，而且完成游戏目标时，他们还会有很大的成就感。父母可以设计几个简单的小游戏，常见的小游戏有拼图、搭积木、捡豆子等。一开始，游戏越简单越好，父母可以随着孩子的成长，逐渐增加游戏难度。

体验其他成功

父母不要将所有精力都放在孩子的学习上，可以带孩子体验其他成功。当孩子整个人都变得自信时，对学习就会重拾信心。例如，孩子擅长跑步，父母可以和他进行跑步比赛，并让孩子获得胜利，以此来体验成功的感觉。父母可以多陪孩子锻炼，为他报名参加比赛，当他在比赛中取得胜利的时候，就能体验到更大的成功的喜悦，人也会重新变得自信起来。

即使是微不足道的成功，也可以激发孩子强烈的求知欲望和进取精神，培养孩子的自信心。所以，父母在生活中要学会观察孩子，善于捕捉机会，才能让孩子不断地体验大大小小的成功。

鼓励孩子为梦想努力，并提供帮助

很多孩子在小时候都会有各种梦想：我要成为奥特曼，我要发明一个可以自动写作业的神笔，长大了我要去月亮上看看，我想像黑猫警长一样去抓坏人……

五年级的时候，陈昱帛第一次接触了足球，从此他深深地喜欢上了足球，并梦想着未来自己能成为一名足球运动员。回到家里，陈昱帛和妈妈说了自己的梦想，却遭到了妈妈的反对。苦苦哀求下，妈妈才同意他去训练。上了初中后，妈妈担心踢足球会耽误学习，便停掉了陈昱帛的训练。

在《少年说》中，陈昱帛站在高台上，喊出了自己的梦想："我一直以来都有一个梦想，就是当一名足球运动员！"并且告诉妈妈，因为她的反对，自己很难过。

但是，陈妈妈依然坚持自己的决定，说："你想走专业的足球路，除非等到18岁以后。"

妈妈的坚决反对，让陈昱帛眼中的光也变得暗淡了。

美国心理学家斯科特·派克曾说："在稚嫩的孩子心中，父母就是他们的上帝，神圣而威严。"父母的话，对于孩子而言有着绝对的权威。当孩子跟父母分享自己的梦想时，是想得到父母的积极反馈。若父母没有反馈，孩子可能会有一时的失落，但若父母不仅没有积极反馈，还打压嘲笑孩子的梦想，这对孩子来说就是一个重大打击，会让他们失去与父母分享想法的热情。

例如，晚上孩子睡觉的时候，对妈妈说："妈妈，我长大了要成为一名宇航员。"

妈妈不仅不支持，还嘲笑孩子："你学习那么差，想当宇航员简直是做梦。"

在妈妈的打击下，孩子觉得自己学习差，真的成不了宇航员，也不再去尝试努力。父母不要随意去评价孩子的梦想，更不要去打击孩子的梦想，否则只会让孩子失去积极性，变得没有信心。若父母尊重孩子的奇思妙想，并且支持他们去尝试，孩子就会更有自信，甚至获得让人意想不到的成功。

有些父母之所以不尊重孩子的梦想，是因为孩子的梦想太多变。昨天孩子说想要成为画家，今天就变成了想要成为科学家，明天就可能变成想要成为歌手……父母认为孩子没有定性，所以对他们的梦想一笑而过。长此以往，很容易让孩子变成"思想上的巨人，行动上的矮人"。

当孩子诉说梦想时，父母需要引导孩子做出实际行动，从而培养孩子为了实现目标持之以恒去奋斗的毅力，而不只是口头上说说。

面对孩子的梦想，父母要做好四步工作：

耐心倾听，并接纳

孩子向父母表达自己的奇思妙想时，父母要耐心倾听，不要随意打断和评价。父母要学会接纳孩子的梦想，并给予积极的反馈。

与孩子一起进行分析

接纳孩子的梦想后，父母可以和孩子一起分析梦想的可行性。孩子接触的东西比较少，有时候并不知道自己的梦想是无法实现的。父母可以通过理性的分析，告诉孩子是否有继续的必要。例如，孩子天生五音不全，却想成为一个歌手，父母就可以告诉他这个想法并不现实。同时，给孩子一个替代选择，不唱歌去学习乐器，成为一个钢琴家或小提琴家。

共同制定实现梦想的可行性方案

确定想法后，父母要引导孩子去坚持实施，即使遇到困难，也不要放弃。父母要与孩子一起制定一个可实行的方案，帮助孩子实现梦想。例如，孩子想成为一个歌手，那就需要唱歌好听，懂得乐理知识，拥有一定的唱功。父母可以为孩子请老师，或报音乐班，做好保障工作。

与孩子一起期待

在实现梦想的过程中，父母可以和孩子一起充满期待，经常给予孩子鼓励。例如，孩子遇到困难想要放弃，父母可以和他说："虽然很辛苦，但是我们不能轻易放弃，妈妈很期待你在舞台上绽放光彩的那一天。"在父母的鼓励下，孩子会继续坚持自己的梦想。

孩子的梦想弥足珍贵，父母不要去随意否定。父母的理解和信任能够带给孩子巨大的力量，支撑着他们一路前行。所以，父母不妨学会去相信自己的孩子，相信他能够绽放出属于自己的光彩。

第二篇

自　　律

第四章

越纵容越放肆
——孩子的自律从立规矩开始

给孩子立规矩，要在6岁之前

很多父母存在这样的思维误区：认为给孩子立规矩太早是一种束缚，会约束孩子自由发展。或者觉得孩子太小立规矩没有用，因为他们听不懂，也不会遵守，等长大自然就懂了，所以就放任孩子撒泼胡闹。结果，孩子大了，想管也管不住。

小杰的脾气越来越大，在家里看谁不顺眼，就冲谁大吼。父母都以为他是要中考了压力大，就不和他一般见识，总是哄着来，要什么给什么。好不容易中考结束了，他提出和同学去四川旅游。因为太远，爸爸妈妈不放心，建议他和同学选择本市的景点，他不乐意，就在家使性子，做好的饭不吃，换下的衣服乱丢。妈妈好言相劝不听，爸爸气急了，揍了他两下，他扬言要离家出走，吓得妈妈一天24小时在家守着。

中国人民公安大学的李玫瑾教授说："孩子3岁时，你不满足他的要求，他最多就是满地打滚；可是当他15岁时，他可能会自残、自杀，和你争吵；当他20多岁时，可能会怨恨你，甚至攻击你！"所以，给孩子立规矩要趁早，最好是在6岁以前。

为什么是6岁？李玫瑾教授说0—3岁的孩子处于情感抚养时期，3—6岁处于性格、行为习惯培养的时期。这两个阶段如果管教得好，后面就很省心。其中，3—6岁也被称作是"潮湿的水泥期"，也就是很容易塑型的时期。而孩子6岁之后，"水泥"就逐渐凝固成型，这意味着孩子的性格、行为习惯以及价值观等基本定型，很难再改了。那么，该如何给孩子立规矩呢？

符合孩子的年龄特点

我们不能对一个8个月大的婴儿和6岁的孩子提同样的要求。不同年龄阶段的孩子，能够遵守的规矩是不同的。

0—2岁，确定安全边界。两岁之前的孩子，安全是最重要的。自从孩子会爬之后，他们探索世界的欲望越发旺盛，什么都要摸一摸，什么都要尝一尝。父母的担忧很多，怕他们乱吃东西、触电、被开水烫、摔倒……如果能提前树立安全性的规矩，关键时刻也许能救孩子一命。

当然，这一阶段的孩子还比较小，立规矩不能只靠说，更依赖于行为。比如，父母以身作则，孩子就会有样学样。此外，父母更要给孩子创立安全的环境，比如不要把容易吞咽的小东西放在孩子能够得着的地方。

2—3岁，明确生活中的规矩。孩子从两岁开始，真正意义上的立规矩就开始了。两岁孩子做事总是遵循天性的"快乐原则"，注定要接受规矩的挑战。两岁多的孩子开始想要自己吃饭，自己穿衣。此时，父母要适当地给他们制定餐桌规矩、做家务的规矩、玩耍的规矩等。

3—6岁，为价值观立规矩。这一阶段，是孩子获得道德能力的最佳时期。父母要抓住这个关键期，制定规矩来约束孩子的行为，让孩子认识到，自己的哪些言行是令人愉悦的，哪些是让人嫌恶的，这对孩子品德的塑造和人际关系的处理有很大影响。

父母应主要围绕价值观，给孩子立规矩。比如，承担自己犯错的责任、对他人表示尊重、不说脏话、不乱翻别人的东西、不在公共场合喧哗、不乱丢垃圾、不吐痰等。大方向把握好，孩子以后的路才能走得更顺畅。

符合孩子的认知发展特点

你对两岁的孩子说"你得为自己的行为负责"，他们根本就听不懂。所以，立规矩一定要考虑孩子的认知发展特点，保证孩子能听懂。

例如，3岁的孩子早上吃饭慢吞吞，你对孩子说："妈妈要被开除了。"他大概不能理解其中的逻辑关系。如果换成"再给你5分钟时间吃饭，5分钟之后我就要收拾碗筷了"，这样就明确了，孩子才能立即调整自己的吃饭速度，以保证在5分钟内吃完。

符合孩子的个性特点

不同的孩子，立规矩的标准自然也不同。比如，如果孩子活泼好动，常惹事，父母立规矩可以严厉点，同时保证立场坚定。而如果孩子性格内向，甚至有点儿懦弱，那么立的规矩就不能太强硬，柔和、循循善诱的方式会更适宜。

先提醒后执行，让孩子乖乖放下玩具去吃饭

孩子只想着玩玩具，不想吃饭，强行让他放下玩具就哭闹……这样的情景，相信很多父母都经历过。

中午，妈妈叫小美吃饭。

小美头都不抬地说："等会儿。"

妈妈好言劝她："小美听话，妈妈做了你喜欢吃的鸡蛋羹，快来吃吧。"

…………

小美摆弄着玩具，丝毫没有要吃饭的意思，妈妈不耐烦地一把将玩具夺了过来："你这个孩子怎么这么不听话，我让你赶紧过来吃饭。"

小美"哇"的一声哭了起来，一边哭一边在地上打滚。

父母都希望自己的孩子能够乖乖听话，让他们不玩玩具就不玩玩具，让他们吃饭就乖乖吃饭。但是，这对于孩子而言，是一件很难执

行的事情。

心理学家研究发现，人类自控能力的形成和发展会受到神经系统发育的影响。孩子刚出生的时候，大脑皮质抑制机能并不成熟，兴奋过程占据主导优势。小孩子玩玩具的时候，是处于兴奋状态的，这时候忽然被父母打断，就会产生抗拒心理。

这种心理在成年人身上，也非常明显。例如，你正在兴致高昂地玩游戏，忽然父母让你去吃饭，你也会不高兴。只是，成年人的控制力比较强，能够压抑这种不高兴的情绪，乖乖去吃饭，不让父母失望。

小孩子并不具备理性的分析能力，没有很好的控制力，就会出现"放下玩具难""吃饭难"的现象。所以，父母不要想着一叫孩子，他就会乖乖过来吃饭，这不符合孩子的成长心理。

面对"孩子不愿意放下玩具去吃饭"的情况，有的父母选择放纵孩子玩玩具，自己给孩子喂饭；有的父母选择夺走孩子的玩具，强行命令他来吃饭。放纵孩子，追着给孩子喂饭，会让孩子养成不好的饮食习惯，不利于孩子的身体健康。而强行夺走孩子的玩具，就可能会发生一个激烈的对抗过程。父母生气上火，孩子伤心难过，弄得"两败俱伤"，不利于亲子关系的发展。

那么，怎么才能让孩子乖乖放下玩具去吃饭呢？父母需要分步骤来进行，先制定规矩，然后提醒孩子，孩子不听再执行规则。

制定吃饭规矩

当没有规矩限制时，孩子有时候会不知道什么该做，什么不该做。所以，父母需要和孩子约定好吃饭规矩，并且严格按照规矩执行。例如，"妈妈和你说吃饭，你就要放下手中的玩具，乖乖吃饭"，"如果你按照约定执行，妈妈会给你奖励，若是不能按照约定执行，妈妈会给你惩罚"。多执行几次后，孩子就会形成习惯，不会一直玩玩具不吃饭了。

提前通知，给孩子一个心理预期

提前通知，给孩子一个准备时间。例如，还有10分钟开饭时，父母就可以提醒一下孩子："你还可以再玩一会儿，但是我下次来叫你的时候，你必须乖乖去吃饭。"父母还可以设置一个提示事件，如洗手、去椅子上坐好、帮忙摆碗筷等，告诉孩子该放下玩具吃饭了。当孩子心中提前有了准备，对于放下玩具就不会那么抗拒。

设置"冷静区"，让孩子停止哭闹

孩子很难一下子接受新规矩，在执行的时候，父母就会遇到孩子哭闹、不配合的情况。这时，父母需要给孩子设置一个"冷静区"，即远离玩具的地方，可以是客厅的墙壁、卧室的一角等，让孩子慢慢冷静下来。父母要提前告诉孩子："如果你哭闹，那就需要面壁10分钟。"父母要提前和孩子约定好，他的哪些行为需要去"冷静区"。若孩子出现这个行为，必须马上执行。

例如，妈妈和孩子约定好"提醒洗手，就要放下玩具"，孩子没有遵守约定，那就需要去"冷静区"面壁思过。多次执行后，孩子就明白了自己该如何做。

父母在提醒孩子吃饭时，需要给他们留够缓冲时间，这样他们才能将思绪从玩具上转移到吃饭这件事上。孩子第一次进入"冷静区"时，父母需要挑一个不会被打扰的时间。第一次，孩子会十分不配合，甚至跑出去，父母要有足够的耐心将孩子放回"冷静区"，并且重新计时，直到孩子一次性完成惩罚。

爱玩是孩子的天性，父母想要给孩子树立规矩，过程是痛苦的。因此，在执行的过程中，父母一定要保持一颗冷静的心，尽量语气温和，不要吼骂孩子，否则会给孩子带来更大的伤害。

约法三章，让孩子主动放下手机、关上电视

孩子沉迷于玩手机、看电视，很多父母提起来又生气又头疼，恨不得将家里的手机、电视扔掉，让它们退出孩子的视野。

亮亮非常喜欢玩手机、看电视，有时候因此忘了吃饭。这天，亮亮放学回家也不写作业，将书包往沙发上一扔就开始玩手机。

妈妈："亮亮，别玩手机了，赶紧去写作业。"

亮亮："知道了，知道了。"嘴上答应着，但是并没有行动。

吃完饭，亮亮又坐在沙发上看电视。妈妈看了很生气，将电视关上吼道："赶紧去写作业。"

由于经常玩手机、看电视，亮亮小小年纪就戴上了300度的近视眼镜。

孩子沉迷于玩手机、看电视，不仅会影响视力，还会影响他们的智力发育。孩子沉迷在手机和电视中，会和外界断开关联，无法接收到外界信息，从而降低智力。而且，孩子越喜欢玩手机看电视，就越

讨厌学习，容易导致学习成绩不断下滑。

孩子沉迷于玩手机，还可能会造成经济上的损失，比如，给网络游戏充值，或者打赏主播等。有一些孩子因为在网络上接收了过多不良信息，而催生了犯罪行为。

想要让孩子放下手机，不沉迷于看电视，首先要弄明白他们沉迷的原因，才能找到正确的解决办法。

孩子喜欢玩手机、看电视，是因为手机、电视是娱乐工具，能够为他们带来快乐和精神上的放松。小孩子的自控能力差，无法抵抗这种诱惑，就会沉迷在里面。另外，父母对孩子关心过少，电视、手机变成了他们的情感寄托。有一个孩子曾说过："我的爸爸妈妈永远只关心我有没有考好，从来不关心我开不开心，那我还不如玩游戏呢，游戏人物都比他们有温度。"

很多父母意识到手机、电视对孩子的危害，会阻止孩子看电视玩手机。若孩子继续不听话，就会采取摔手机、断网、打骂孩子等激烈的手段。这样做不仅无法从根本上解决问题，还会让亲子关系变得疏远，让孩子变得更加叛逆。

玩手机、看电视并不是不可原谅的事情，只是父母要引导孩子健康地去玩手机。那么，如何引导孩子健康地玩手机、看电视呢？父母要和孩子约法三章：

约定玩手机、看电视的时间

玩手机、看电视可以，但是要有时间限制，不能无节制地沉溺其中。例如，在周一到周五期间，每天可以玩半个小时的手机，看半个小时的电视。饭前玩半个小时的手机等待开饭，饭后看半个小时的电视消食。到了周末，父母可以将玩手机、看电视的时间提高至一个小时，分阶段进行，上午玩半个小时的手机，看半个小时的电视，下午玩半个小时的手机，看半个小时的电视。时间不要集中在一起，避免孩子的眼睛长时间被刺激，受到损害。父母要注意，避免孩子吃饭时和睡觉前玩手机、看电视，这都不利于孩子的身体健康。

时间到了马上停止

父母要提前和孩子约定好，到了约定的时间，必须马上放下手机或关上电视。父母可以给孩子买一个闹钟，定好时间，并且告诉孩子，闹钟响了就要关上电视或放下手机。

不按约定执行要受到处罚

如果孩子按照约定做事，父母给予奖励。如果孩子不按照约定做事，父母则给予惩罚。当孩子不配合时，父母要立即执行惩罚。即使孩子哭闹耍赖，父母也不可以心软。

和孩子的"约法三章"，父母可以将其写出来，贴在明显的地方，让孩子能够经常看到。父母可以在纸上列举不遵守约定的惩罚有哪些，让孩子明确自己不遵守约定的后果。

父母要给孩子做榜样

研究发现，父母当着孩子的面玩手机、看电视，孩子想要玩手机、看电视的欲望会提高1—2倍。因此，父母在陪伴孩子时，要少玩手机，多和孩子聊天，陪他们玩耍，从而降低孩子玩手机、看电视的欲望。

手机、电视是我们生活中必不可少的娱乐工具，父母可以引导孩子少看无用的信息，多看孩子感兴趣的、正面的内容，如动物世界、科普节目、音乐节目等。

让孩子遵守吃饭的规矩和礼貌

孩子在餐桌上的表现，不仅体现出孩子的规矩和礼貌，更是折射出了家庭教养。

婚宴上，一个五六岁的小男孩一边拿筷子敲击桌子上的碗碟，一边不停地大喊："我饿了，怎么还不上菜？"

上菜了，一盘卤牛肉刚端上来，小男孩不管不顾，迅速将牛肉转到自己跟前，一口气把半盘牛肉都夹进了自己碗里。之后，他想吃什么就转圆盘，也不顾别人是不是在夹菜，还将汤汁溅到了别人衣服上。

让人不解的是，他的妈妈不仅不制止，还说："我家孩子从小胃口就好，你看，他比同龄的孩子能高出一头！"大家都默不作声，低头吃饭。

"吃相"也是一种社交礼仪。一个孩子吃相不雅，父母却视若无睹，实际上是亲手把孩子养成了一个让人生厌的"熊孩子"。有的父母认为孩子还小，没必要要求那么严苛，等孩子长大了自然就懂得了。其实，孩子的就餐习惯像其他习惯一样，一旦养成很难改变，所以要从小培养。

开饭了，妈妈把两岁的贝贝抱到儿童座椅上，把他的餐盘放到跟前。虽然他用勺子还不熟练，但还是认真地一勺一勺地把饭菜吃完了。掉在桌子上的饭粒，他也很自然地捏起来吃掉。吃完后，他自己解下围兜，说："吃饱。"妈妈把他抱下餐椅，他端起餐盘，踮着脚尖放进了厨房的水池，一切都很熟练自然。

孩子虽小，但餐桌规矩不可少。让孩子多了解一些餐桌上的规矩和禁忌，是很有必要的。

餐桌上保持安静

我们经常看到有孩子在餐厅里到处喧哗乱跑，这是非常不礼貌的。对此，父母出门就餐前，最好先给孩子打"预防针"，对他说到了餐厅要保持安静。在就餐前，可先带孩子到处转转，看看餐厅周围的摆设或环境，以缩短他在座位上的时间。

另外，吃饭时控制一下进食速度，以免孩子一吃饱就坐不住。此外，还可以拿出随身带的童话书给孩子看，以让他们保持安静。

坐有坐相

餐桌上要让孩子保持挺拔的坐姿，坐正坐直。这样不仅好看，也有利于孩子消化。不能歪着、斜着或趴着，不可边玩边吃，甚至爬到桌子底下玩耍。更不能脱鞋，或把脚跷到椅子上，甚至桌面上，也不能把脚伸得太长，以免影响到对面的人。

不要对着热的食物吹气

很多父母都习惯对着热的食物吹气，然后再把食物喂给孩子，然后孩子也受感染养成了这个习惯。其实，这是不卫生，也不雅观的。同时，也要避免孩子将烫的食物放进嘴里，大张着嘴呼气，或者用手扇风，这种声音和动作是令人讨厌的，会引起其他进餐人的不适。父母最好等食物自然凉了再给孩子吃。

吃到嘴里的食物不能随便吐出来

吃的食物太辣、太烫或者不喜欢，一些孩子会直接吐到桌子上，这其实也很不礼貌。父母要告诉孩子如果实在忍受不了，可以让孩子背过餐桌，吐在纸巾里，并请服务员处理掉或者自行扔到垃圾桶里，以免影响其他人的食欲。

不许在盘子里挑拣扒拉

不要纵容孩子在盘子里翻来翻去，只挑拣自己喜欢吃的菜。有的孩子甚至将自己喜欢吃的菜从盘中全部挑走，这是一种很失礼的行为，并且显得自私、目中无人。另外，夹菜时，动作幅度要尽量小，避免菜汁洒出来。

不消极评价食物

不管在哪里吃饭，都不要允许孩子抱怨饭菜的味道，任何消极的评价都是没有礼貌的表现。父母要让孩子怀着一颗感恩的心来享受每一顿饭，这是对准备食物的人最起码的尊重。

咳嗽、打喷嚏和擤鼻涕

在吃饭的时候打喷嚏和咳嗽是难免的，这时候一定要让孩子扭头，用纸巾捂着口鼻，同时对别人说对不起。如果想要擤鼻涕，请带孩子离开餐桌，去卫生间进行，以免影响别人。

有人说，大的商业交易或爱情往往是从餐桌上开始的。餐桌上的淑女、绅士形象，将会伴随孩子一生，并为其带来事业和爱情上的好运！

想让孩子遵守规则，就邀请孩子一起制定规则

很多父母说，我给孩子定的规矩是每天早上7点起床，穿衣、收拾、吃早餐，8点准时出门，可是孩子起床磨蹭、穿衣拖拉、吃饭慢吞吞，8点钟根本出不了门。对于父母制定的规矩，大部分孩子都不愿意遵守，或者讨价还价，让父母感到无比烦恼。

诚诚和妈妈一起制定的规则中包括每天晚上9点钟睡觉。妈妈提前15分钟去诚诚的房间，和他一起进行睡前亲子阅读。看完第一本，正好9点，妈妈要求诚诚睡觉，诚诚央求妈妈："书太好看了，我们再看一本吧。"要求了几遍，妈妈心软了，并且想到孩子看书是好事，就没有拒绝。

第二本看完，诚诚兴致更浓了，要求妈妈再看一本。于是妈妈和诚诚一起看了第三本书，等到诚诚终于睡下，时间比规定的晚了50分钟。第二天，诚诚同样的讨价还价过程又来了一遍。

孩子对于规定的睡觉时间总是讨价还价，睡觉这件事就会演变成两种情况：要么妈妈放弃规矩，睡觉时间由孩子说了算；要么每天讨价还价，最终双方都精疲力竭。

讨价还价的坏处是，规矩的界限被模糊了。如果晚10分钟可以，那么晚20分钟为什么不可以？如果"准时睡觉"的规矩可以打破，那么"不要玩电插座"的规矩为什么不可以打破呢？

有些父母认为，孩子年龄小，制定规则是父母的事，孩子无须参与；只要父母把规则直接告诉孩子，让孩子遵照执行就好了。但父母制定的规矩，多半没有考虑孩子的感受，甚至成为压制孩子合理要求和愿望的手段。就算规矩看起来很合理，但孩子也会感受到被约束，被管制。在强迫和命令中，孩子会产生敌意，甚至挑战父母的权威，故意破坏规则。

那么，父母不妨让孩子自己做主，参与制定规则。这就像一个调皮捣蛋的孩子总是违反纪律，而老师偏偏让他当了纪律班长，他的责任感就会被激发出来，不好意思再带头捣乱。

关于放学后的时间，父母可以与孩子共同探讨一下每天回家后的时间安排。比如写作业、练琴等活动需要的时间，每天看电视的时间，以及其他的睡前安排。关于迟到，父母可以和孩子一起商量几点起床。让孩子先排列出起床到出门要做的所有事，包括穿衣服、上厕所、洗脸刷牙、吃早饭等，然后推算出所需时间，最后确定起床的时间。只要孩子的安排相对合理，和你的预期相差不是太大，就应支持。

不管最后达成一致的规则是什么，重点是孩子参与了规则的制定，感到自己受到了尊重，这样他们才会愿意执行。那么，如何和孩子一起制定规则呢？

保持同理心

既然是和孩子一起制定规则，那么在制定规则前，就要换位思考一下。比如，在确定写作业的时间前，虽然你很想建议孩子放学到家后立即写作业，但还是先想想自己下班回到家，是不是会立即投入加班的工作中呢？是不是会先喝杯水，吃点儿东西，然后才打开电脑开始工作呢？既然成年人都有这样的感受，那么要求一个上学的孩子，克服到家后想要玩耍的兴奋感，按部就班、踏踏实实地完成学习任务，是不是很缺乏同理心呢？

如果你把自己的这种感受和孩子沟通，并且询问孩子是不是放学到家后想先休息20分钟，然后吃点儿水果再开始写作业，相信孩子一定会非常感动，并且更愿意放学后稍微休息一下就开始写作业。

用建设性而不是否定性的话语

英国维多利亚女王小时候在德国接受教育，她在给友人的信中抱怨道：他们总是告诉我，作为一个可能继承王位的人，不能这样，不许那样，却没有人告诉我，应该做什么，怎样做。

在和孩子一起制定规则的时候，父母也要多用建设性的话，避免否定式的语言。否定式语言包括：不要粗心大意，不许人来疯，不许说脏话，不许在墙上乱画，不许乱扔东西。建设性语言包括：家中来客人应礼貌问好，可以在图画本上画画，要认真读题仔细检查。否定式的话即便写进规则，孩子也不懂得怎么遵守，不如直接告诉他们该怎么做。

另外，规矩一旦制定，就应该以书面的形式进行明确，而不仅仅是达成口头协议。因为人的记忆是有时效性的，如果没有书面文字，很容易忘记，从而导致规矩变来变去，孩子也不知道到底该按什么标准执行了。

"爱孩子"和"立规矩"并不冲突

管得太少和管得太严的父母在我们身边都不少见。管太少的父母认为，孩子的压力已经很大了，要尽量给孩子一个自由快乐的童年，放纵几年对未来也不会有太大影响；管太严的父母则认为，没有规矩，不成方圆。如果不能事无巨细地严格要求孩子，未来孩子怎么在社会上立足？

听起来这两个观点都有道理，但问题就在于他们把"爱孩子"和"立规矩"变成了单选题。这种非此即彼的选择，要么造成孩子不懂规矩，更不遵守规矩，要么让孩子变得循规蹈矩、谨小慎微。

"立规矩"和"爱孩子"本来是统一的，并不是矛盾的。在《家庭教育》一书中有这样一段话："有规矩的自由叫作活泼；没有规矩的自由叫作放肆；不放肆叫作规矩，不活泼叫作呆板。"

同样的道理，我们给孩子立规矩是为了让他们享受一定的自由，这是爱。如果我们不设规矩，完全放纵，就变成了溺爱。如果过度控制，则成了束缚，会让孩子的天性受到压抑或扼杀，这种过度控制和溺爱一样是贻害无穷的。那么，在教育孩子的问题上，父母如何做到爱和规矩的统一呢？

保证爱孩子的前提

在绘本《我永远爱你》中，小熊阿力和妈妈有这样一段对话：

阿力："妈妈，如果我把枕头里的羽毛弄得满天飞，你还爱我吗？"

妈妈："我永远爱你，阿力！不过，你得把羽毛收拾起来。"

阿力："妈妈，如果我把画画的颜料洒在妹妹身上，你还爱我吗？"

妈妈："我永远爱你，阿力！不过，你得负责给妹妹洗澡。"

……

熊妈妈不厌其烦地保证"我永远爱你"，同时又不忘强调让孩子为自己的行为负责，这才是理智的爱。而生活中，父母立的规矩，总是容易让孩子误以为"我犯错了，爸爸妈妈就不爱我了"，让孩子失去安全感。在惩罚孩子之前，请告诉孩子，不管他犯了什么错，你都爱他，这样才能让他有足够的勇气去面对和改正错误。

给孩子尊重感，而不是强迫感

好的规矩不是强迫孩子去遵守，而是让孩子乐于去遵守。比如，你明明规定孩子必须在晚上9点之前睡觉，他却磨磨蹭蹭不肯去。你是不是很火大，然后忍不住威胁他说："如果你还不去睡觉，那周末就别想去动物园了。"这样做会让孩子非常沮丧，对规矩产生排斥心理。

当孩子不愿意遵守规矩时，父母可以先和孩子讨论一下为什么他不愿去执行，比如，问问他为什么不想睡觉，睡前喜欢做什么。然后，家长说出自己的感受和需求，比如我工作一天累了，想要早点休息。最后，可以和孩子讨论一个解决问题的方法。比如，睡前讲一个故事，或者听一会儿《西游记》，再或者在床上玩一会儿别的游戏……让孩子拥有建议权和选择权，让他感到被尊重，达成一致意见后，他更愿意去执行。

规矩不是冰冷的死教条

给孩子立规矩之前，要根据孩子的反应和态度来判断规矩是否合适。如果不合适，就要及时做出适当的调整。

在执行规矩的过程中，父母的态度很重要。孩子不能体会那些教条，因为那里面没有生命力，但孩子能够识别和感受到父母的脸色、语气和态度。当规矩遭到孩子的抵抗，父母要明白这是正常现象，不要使用暴力去压制。如果没忍住，等双方冷静下来之后，可以和孩子进行一次充满爱意的沟通，向孩子表达真诚的歉意。

规矩是死的，但人是活的。父母在执行规矩的时候，不要太死板，要根据情况及时沟通，做出调整。不要让孩子觉得你很冷血，根本就不爱他。

教育家蒙台梭利曾说："有规则的自由，是真正的自由；建立在规则上的爱，才是真正的爱。"给孩子制定规矩，孩子才能享受到真正的自由。

第五章

匮乏和满足导致的贪婪
——教孩子抵制诱惑提高自律性

缺爱的孩子，一颗糖就能哄走

有新闻报道，一对儿6岁的双胞胎女孩在火车站广场走失。很快，三名嫌疑人在入住的宾馆被控制。拐骗的过程也被曝光，听起来匪夷所思。当时三名嫌疑人上前和孩子搭话，并且问孩子："爸妈对你们好不好？"当孩子说父母对自己有打骂行为时，嫌疑人一边递上雪饼等零食，一边承诺"会对他们好"。然后，嫌疑人将两个孩子顺利带走。而且俩孩子竟称呼三个犯罪嫌疑人为"爸爸""妈妈""爷爷"。在旁人看来，还以为他们是一家人呢。

为何一点零食和哄骗的话就能让孩子乖乖跟着走，甚至称对方为"爸爸妈妈"？新闻没有更多后续报道，但提到这对儿双胞胎女孩的父母平时在火车站附近做生意，有时候会把孩子独自留在家里。从这里我们大概可以猜到，孩子是缺爱的。缺爱的孩子，一点甜，一点暖，就可以打动他们的心，让他们心甘情愿跟外人走，甚至明知前面是火坑也义无反顾。

有人在知乎上提问："你的父母爱你吗？"下面有人回复："我

不知道，也许爱吧，只是我感受不到。"

从小缺爱的孩子，心底渴望能有人陪、有人爱，因此总是用近乎卑微的姿态去讨好别人；在渴望又害怕的亲密关系、恋爱关系中，总是一遍遍去试探和询问对方是不是爱自己，患得患失，害怕对方离开自己；从小缺爱的孩子，对陌生人的态度非常敏感，他们不觉得会有人对自己好。

遗憾的是，不会有父母承认自己不爱孩子，他们总是认为自己给孩子的爱足够多，但问题是孩子能感受得到吗？

比如，父母长期加班，很少陪孩子，同时向孩子抱怨："我这么辛苦为了谁？不都是为了你？你要是不好好学习，对得起我吗？"再如，父母认为应该给孩子吃营养餐，如果遭到孩子拒绝，就会呵斥："你必须吃下这些饭，因为你需要这些营养！"还有，孩子的房间没有整理，父母会愤怒地说："房间这么乱，你再不整理，就别叫我妈妈了，我可不喜欢这么懒的小孩。"

也许父母的初衷是为了给孩子更好的生活，让孩子变得更优秀，但孩子不懂抽象的爱，更不能理解"打是亲，骂是爱"。他们只知道自己需要陪伴和关爱，需要鼓励和夸奖，而他们从父母的行为和语言中感受到的是"管教"，而不是"爱"。当他们被爱的需求不能满足，亲子关系就会紧张和破裂，使亲子沟通陷入僵局。

爱是养育孩子的基础，如果孩子感受不到，父母的爱再多再浓烈又有什么意义？父母一定要有意识地用合适的方法表达自己对孩子的爱意，让孩子感觉自己沐浴在爱的阳光中。

给孩子爱的眼神和微笑

在孩子成长过程中，父母陪伴孩子交流玩耍时的面部表情非常重要。笑，是爱的语言。你冲孩子微笑，这等于是在对孩子说："我爱你，我喜欢你。"做父母的无论再累、再烦，也不要忘记把微笑送给孩子。从小在父母的微笑中长大的孩子，容易形成乐观、积极的心态。

对孩子说"我爱你"

中国人的感情表达比较含蓄，不习惯直白地说"我爱你"。但爱不只需要行为表达，更需要语言表达。大声说出"我爱你"是传递爱的有效方式，不但能让孩子感受到来自父母的爱，也有利于孩子学会表达自己内心的爱。

送孩子爱的礼物

赠送礼物是父母表达爱的直接方式，偶尔给孩子一个惊喜，会让孩子感到被爱。礼物的形式多种多样，并不仅限于玩具，也不必是昂贵的。讲个故事、满足去动物园的要求、多吃一块巧克力、能开着灯睡觉、选一支自己喜欢的笔等等，任何你能想到的能让孩子开心的奖励，都是"礼物"。

在乎孩子的心情

和大人一样，孩子也有自己的内心世界，也有自己的开心和烦恼。看到孩子开心，可以说："看你玩得那么高兴，爸爸也很开心。"看到孩子不开心，可以说："今天心情是不是不好？可不可以告诉妈妈，发生什么事了？"父母懂得观察孩子脸上的"晴雨表"，等于是在对孩子说：你的情绪对我们很重要，我们很在乎你的心情，这就是关心。

爱抚和拥抱孩子

肢体的亲昵接触是父母表达爱最简单、最直接的方式，可以让孩子从中获得生理和心理上的双重满足。有教育家说过："一个孩子一天需要4次拥抱才能存活，8次拥抱才能维持，16次拥抱才能成长，可见拥抱的重要性。"

对孩子来说，对他们表达爱的最好方式就是去拥抱和亲吻。研究显示，经常被拥抱和触摸的宝宝，心理素质要比缺少这些感受的孩子更健康。

尊重和支持

在美国，一个叫Matty B的小孩因为在Youtube发布的rap视频一炮而红，走在路上都会被粉丝要求合影，很多演出合约、商务合作也纷至沓来。他向父亲抱怨说，自己想做一个正常的小孩，自己的理想是做一个有自己rap专辑的棒球运动员。爸爸对他说："跟着你的心走，做你喜欢做的事情。如果有一天你感到疲惫，你可以选择放弃！爸爸妈妈永远支持你！"爸爸的话，让Matty B感到很轻松，他试着让自己的心回归平静，平时正常上课玩耍，周末才和爸爸一起进行创作。父母的尊重和支持会让孩子格外自信和满足。如果善于引导，也许还能激发出孩子内心的潜能。

再忙也要抽时间陪伴孩子

不要找借口说自己忙，再忙都有时间看手机，怎么会没时间陪孩子？陪孩子一起游戏，一起阅读，一起聊天，这就是孩子心中最渴望的爱。

关爱孩子而不是溺爱

要区分正确的爱和溺爱。溺爱表现为对孩子一味地放纵，无论什么要求都去满足，而真正的爱是让孩子学会自己照顾自己，关注的是孩子的能力是否得到发展。溺爱关注的是当下，而真正的爱关注的是孩子长远的需要。

正确地向孩子表达爱，才能让孩子感受到家的温暖，感受到来自父母的关心和支持。

适度满足，欲望宜疏不宜堵

孩子的愿望有的合理，有的不合理，而且有些看似过分的愿望中，也可能含有合理的成分。有时候我们碰到孩子不合理的愿望，就会断然拒绝孩子，这只是暂时压抑了孩子的欲望，但总有一天，欲望会爆发，变得一发而不可收。

听凯叔讲，他家二女儿在3岁的时候，特别想吃口香糖，但奶奶不给她吃，因为她太小，怕她把口香糖咽下去。但女儿特别想吃，看到她姐姐吃就哭。

凯叔觉得一直压抑孩子不行啊，就教孩子怎么吃口香糖，让她嚼完后吐出来。教完后，就随她吃去了。然后，凯叔发现，二女儿一天能吃两瓶口香糖！

凯叔知道这是压抑太久的结果，就和妻子忍住没制止。果然，后来她越吃越少，到最后一天一颗，或者干脆不吃，到后来也不怎么吃了。

著名儿科专家崔玉涛也讲过一个类似的故事：

一位妈妈为了保护孩子的牙齿，不允许孩子吃糖。孩子到3岁半都没有吃过糖。有一天，妈妈看到孩子一手拿一个棒棒糖，一下子全塞嘴里了。妈妈当时惊呆了，孩子怎么可以这样？

崔玉涛跟孩子妈妈说，你不给孩子吃糖，不等于孩子不知道糖，等孩子有机会吃糖，就会疯狂地吃。

最后，崔玉涛建议孩子妈妈放一盘糖在客厅，不管它，让孩子吃个够。开始，孩子看到糖，两眼放光，拼命吃。后来吃得渐渐少了，再后来偶尔吃一下，最后不吃了。这个过程，大概持续了一两周时间。

孩子的欲望就像洪水，宜疏不宜堵。糖果、动画片、电脑游戏等都是如此，要适度去满足孩子，不要压抑，这样更有利于孩子疏解内心的欲望，不再被诱惑俘虏。

遥遥一年前就央求妈妈给他买台电脑，但妈妈觉得自己没有时间盯着他上网，就没同意。

后来，遥遥在网吧上网被爸爸逮住。他知道"堵"已经没有用了，于是第二天就和妻子商量了一下，给儿子买了一台电脑。从此，遥遥每周有三个小时的时间上网玩游戏。什么时间玩，以及分几次把三小时用完，由他自己定。

有时候，爸爸还会和他一起玩会儿，比如打CS，玩赛车，父子二人玩得不亦乐乎。每次玩得酣畅淋漓之后，遥遥就会自觉地去学习。

很多父母看到孩子玩电子游戏就非常担心，于是对孩子采取严防死守政策，坚决不让孩子接触网络游戏，结果往往事与愿违。父母们觉得很纳闷，他们想知道孩子为什么那么痴迷电子游戏。闪电般的处理速度，雷电般轰鸣的声音，急速变幻的画面，这些都是电子游戏诱惑力的组成部分，但是电子游戏最强大的吸引力还在于父母的禁止，越不让玩越想玩。而当父母允许孩子玩，甚至陪他玩的时候，得到满足后的孩子反而不会沉迷。

孩子的欲望和内心需求越能被快速满足，孩子就越自觉，越不会做出出格的事情。从心理学上来讲，这是孩子成长的动力，我们要努力保护这个动力，不要因为担心而消耗了这份动力。那么，父母该如何适度满足孩子的需求呢？

让孩子通过努力去获得自己想要的

太容易得到的东西往往不被珍惜，只有加倍努力得到的东西才能使人产生持久的快乐。父母要让孩子从小就明白这一点：想要什么必须付出努力。

小雨想要一套芭比娃娃，她的妈妈没有立即答应。正好小雨要参加一个舞蹈比赛，妈妈就给她定了一个目标："如果能进决赛就可以买。"

为了这套玩具，小雨非常认真地准备舞蹈比赛。然后，她以并不算太好的成绩进入了决赛。她让妈妈兑现诺言，妈妈说："现在买可以，但只能买一套小点儿的，如果你想买一套大的，要等你决赛拿了名次才行。"

小雨想了一会儿，还是决定参加完决赛再买，因为她还是喜欢那套大的。那段时间她每天练习的时间更长，也更认真了。决赛时，小雨发挥得很好，拿到了名次，还拿到了500元的奖金。

小雨第一次通过自己的努力挣来了钱，她开心地自己付了买芭比娃娃的钱。

通过努力获得的，更容易被珍惜。给孩子设置条件，让他去付出，去争取，要比直接给予效果好得多。

让孩子厘清"需要"和"想要"

需要的是必需品，可以尽量满足。想要就是欲望，需要根据实际情况去满足。

比如，对于普通家庭的孩子来说，一双舒适、平价的鞋子是孩子所需要的，昂贵的名牌鞋子就是想要的。父母要根据自己家庭的经济情况来做决定，也可以和孩子一起商量一个符合家庭实际情况的规则。

即便有条件，可以满足孩子的"想要"，也要让孩子懂得，他想要的东西并不是总能得到，也不是理所应当必须得到的。如果你决定要满足孩子的"想要"，一定要确认你并非是在向孩子做出妥协，也不是出于"贿赂"孩子的目的。

警惕物质补偿带来的伤害

"宝贝对不起！放下工作养不起你，拿起工作陪不了你。"这句话让多少人泪目，让多少人心酸。当父母内心觉得亏欠孩子时，就很容易拿物质给予补偿，比如给孩子买很多零食、玩具、文具、衣服等。父母以为这既能满足孩子的物质需求，又能弥补自己内心的愧疚。但父母忽略了这种行为背后的弊端。

一位爸爸出于工作原因常年在外面出差，有时几个月都回不了一次家，因为心中觉得对孩子有亏欠，每次回家他都会给孩子带很多礼物。每到这时孩子都会接过礼物，扑在他怀里开心地说："爸爸是世界上最好的爸爸。"

然而有一次他回家的时候没有买礼物，孩子立马生气起来，对着爸爸吼："你是个坏爸爸，我不喜欢你。"他这才意识到，孩子爱的是他带回来的礼物，而不是他自己。

除了不能陪伴孩子会产生的亏欠心理外，以下情况也会使父母对孩子产生亏欠心理：

1. 弥补自己童年在物质需求上的缺憾。

2. 离异夫妻补偿孩子。

3. 讨好孩子，向孩子证明自己的价值。

4. 炫耀自己有钱，有能力让孩子过上好生活。

5. 因为爱孩子而迁就孩子。

当父母提供的物质超出了孩子的需求，多到泛滥，其实已经达到了溺爱的程度，只是自己尚不知道。父母用物质来补偿孩子，会使孩子歪曲对爱的认识。孩子会觉得，爱一个人就是给他东西，如果不给他东西，就是不爱他。

更重要的是，父母过少的陪伴也会让孩子将情感需求转移到对"物"的迷恋上，贪恋玩具、零食等。然后，零食和玩具带来的只是短暂的满足感，无法弥补内心真正的需求，如缺失的情感、孤独的情绪等。于是，孩子哪怕如愿得到想要的玩具，也并不知道珍惜，还没玩几天便要求父母给他买另一个玩具。事实是，无论孩子拥有多少玩具，都无法填补他们内心的空虚感。长此以往，孩子会越发地追求物质，变得更贪婪。

孩子的成长不仅仅需要物质，更需要父母的关爱、亲情的慰藉。因此，父母要时刻关注孩子的心理需求，适当地、及时地给予满足。

和孩子正确有效地聊天

父母在外辛苦打拼是为了孩子，但孩子却不理解父母的苦心。而孩子也很委屈，觉得别的孩子父母都在身边，自己的父母为何不能？其实，多半问题并不出在父母在不在家上面，而是出在沟通交流上面。常年不在孩子身边的父母，如果能经常与孩子聊聊天，保持正确有效的沟通，一样能让孩子感受到爱和温暖。

孩子长期和父母分居两地，容易生疏，甚至觉得没有什么话可以跟父母说。对于这种情况，父母要注意一些小技巧。不要每次都问"表现怎么样""学习好不好"这样的问题。留守在家的英子说："我妈好不容易给我打个电话，问的永远是考了多少分，在班里第几名。我不想接她的电话，不想听她教训我要好好学习。"父母可以多关心孩子生活的细节，比如问孩子"有没有什么有趣的事""有没有受到老师表扬"等孩子感兴趣的话题。这样才能跟孩子有话可讲，才不会出现没话可说的尴尬。

给孩子写信

比起物质需求，孩子更需要与爸爸妈妈的情感联结。物质上的满足并不等同于陪伴，它无法填补孩子心中的空虚。如果出于经济和工作原因，父母不能经常回家陪伴孩子，就利用好电话、书信、网络等架起父母与留守孩子沟通的桥梁。

曾有一篇名为《一位打工父亲写给12岁儿子的一封信》的文章在网上疯传，这位父亲在信中叙述了孩子出生的艰难过程，妈妈当年本来要在家生他，可是预产期过了半个月没动静，只好去医院。因为没钱住院，爸爸只好去信用社贷了1000元钱。

爸爸给儿子讲当时的艰难，并不是诉苦，而是为了让儿子学会感恩。他说，在住院期间，有那么多好心人主动借钱给自己，这些值得铭记一生。为了还债，在儿子还没满月的时候，爸爸也背起行囊，远走他乡。经过多年奋斗爸爸已经在城市里拥有了自己的房子，自己的事业，他说："苦难对强者来说是一笔宝贵的财富，对弱者来说，是前进的绊脚石。"

这真是一位了不起的父亲，虽然随着通信技术的发展，打电话、网络视频等早就代替了写信，但有些话用写信的方式说出来，会让孩子更觉得温暖。而且信的形式也容易传递爱，看到父母的字迹，孩子往往会有一些亲切的感觉，并且写信也方便让孩子保存阅读，反复翻阅回味，减轻孩子的孤独感。外出的父母应该多写信与孩子沟通，这是一种很好的沟通方式，既能赢得孩子的信任，让孩子感受到爱的存在，同时也可以锻炼孩子的文字能力，提高其写作水平。

父母越妥协，孩子越"贪婪"

在教育孩子的过程中你是否也曾遇到过这样的问题：孩子这也要，那也要，欲望就像是个无底洞，怎么也填不满。哪怕和孩子说好了"这是最后一块巧克力""这是最后一个故事"，可孩子吃完、听完，立马"翻脸不认账"，非得缠着你"再来一块""再来一个"。如果软的不行，孩子立马会开启号啕大哭、撒泼耍赖模式，父母为了尽快收场，不得不妥协。

导致孩子"贪婪"的一个最重要的原因就是父母的不断妥协。美国著名心理学家斯金纳曾做过一个小白鼠的试验。他将一只饥饿的小白鼠放入一个安装了小杠杆的箱子，一旦小杠杆被压动，就会掉落一粒食物。开始，小白鼠无意中压到杠杆，吃到了食物。反复几次后，小白鼠认识到了"按压杠杆"和"获得食物"之间的联系，就学会了持续按压杠杆，获得食物，直到吃饱。

同样，孩子最初也并不知道通过"哭闹"可以达到自己的目的。偶尔"无心"地尝试之后，孩子发现了两者之间的联系，从此就像小白鼠一样，学会了频繁使用哭闹打滚的行为，来达到自己的目的。比如，孩子哭闹要玩具，妈妈说："别哭了，我们这就去买那个玩具。"结果孩子马上停止哭泣，高兴地去买玩具。等到下次想要买玩具时，继续哭闹。长此以往，孩子就会将"哭闹撒泼"当成达到目的的手段，并且不断变本加厉。

那么，遇到为达目的大哭大闹的"熊孩子"怎么办？

消除后续"奖励"

斯金纳后续的试验和发现，为我们提供了很有价值的参考。当小白鼠习惯了按压杠杆获取食物后，斯金纳将杠杆连接的食物取走，使得小白鼠在按压杠杆后没得到食物。数次后，小白鼠就不再去按压杠杆了。也就是说，小白鼠又进行了"学习"，明白了"按压杠杆"和"获得食物"之间不再有关系了。

这个道理放在孩子身上也同样适用。父母需要让孩子明白，即使他哭闹，也并不能达到目的。方法就是消除后续的"奖励"，当孩子发现通过撒泼耍赖不能再拿到自己想要的东西时，慢慢就会放弃这种没有用的行为。

提前亮出底线

一些父母在给孩子吃了一颗棒棒糖后，总是耐不住孩子的缠磨、请求，又给了孩子第二颗糖，第三颗糖。与其如此，不如在一开始就告诉孩子："今天你可以吃两颗糖。"绝对不要给第三颗。

父母的让步妥协会让孩子误以为"哭闹""央求"是他的"万能钥匙"。一开始就让孩子知道自己的底线，并坚决守住底线，孩子才会收敛贪心行为。

温柔坚定地拒绝

孩子太过贪心，我们最好的回应方式是温柔而坚定地表示拒绝。当孩子无理取闹时，父母可循循善诱，提出"谈判"，吸引孩子的注意力，平复孩子的情绪。拒绝并非直接说"不"，父母可以和孩子谈判。将姿态放低，平视孩子的眼睛，先冷静倾听孩子的理由。如果孩子不能说服你，理智地告诉孩子："虽然你很失望，但谈判已经结束了。"孩子若是不接受结果，继续发脾气，要及时暂停。比如，留孩子一个人在房间里冷静。谈判次数进行得越多，孩子越能明白哭闹是换不来期待中的结果的。久了，孩子自然会学会按规则行事了。

冷处理后，再耐心讲道理

孩子撒泼耍赖，父母可以先冷处理，即忽略它，不做任何反应，久而久之，孩子就会觉得无聊、没意思。千万不要大声斥责"你冷静一下，不要闹了行不行？"父母的反应越是激烈，孩子哭闹撒泼的行为越是变本加厉。不妨告诉他："如果你认为哭闹有用的话，就继续吧。闹完了，再来吃饭。"然后转身不理他。

孩子的观察力是非常强的。当他哭闹时，会一边哭一边观察大人的反应。父母越是在意，他们闹得越起劲。若是父母完全不理，那他们就会慢慢停下来。

等孩子情绪发泄完冷静下来后，再和他解释你拒绝的原因。比如，孩子提出想要多吃一支冰激凌，父母可以告诉他："冰激凌吃多了，你会像上次一样肚子疼，妈妈就要带你去医院打针了。"联想到上次的惨痛经历，孩子多半就不会坚持自己的要求了。

让孩子做选择

孩子喜欢"撒泼耍赖"，可能是因为他不会表达，所以只能采用这种方式来表达自己的不满和愤怒。如果孩子的表达能力较弱，父母可以采用选择题的方式，让孩子选。比如，孩子吃饭时，提出想要看电视，可以给孩子两个选择：1. 认真吃完饭，可以看半个小时；2. 如果哭闹，一晚上都不能看电视。孩子肯定会选择第一个，长时间下去，就能减少撒泼打滚的情况。

妥协只会换来孩子暂时的快乐，并不能真正解决问题。等孩子觊觎起不属于自己的东西，哪怕不择手段也要得到的时候，父母再后悔就已经晚了。

面对诱惑，有意识地训练孩子学会等待

妈妈从锅里端出刚蒸好的鸡蛋羹，一岁半的小米急得从儿童座椅里站起来大喊大叫，妈妈怎么安慰都没用。

爸爸买来一个大西瓜，4岁的妞妞等不及妈妈回来，非吵着要立即切开。

妈妈在试衣服，7岁的小池看到喜欢的变形金刚非要买，妈妈说试好衣服再买，他不同意。

……

这些孩子不论年龄大小，都有一个共同的特点：面对诱惑，连一秒都不想等。美国斯坦福大学沃尔特·米歇尔博士曾在幼儿园里进行了一系列"棉花糖试验"。孩子们有两个选择，一个是立即吃掉得到的棉花糖，一个是如果愿意等待，可以再获得一个棉花糖。经过十几年的跟踪，研究人员发现，那些愿意耐心等待的孩子在毕业后，无论是社会适应能力、人际关系处理能力，还是面对挫折的抗压能力等，都远远高于那些不能等待的孩子。

但在生活中，为了避免孩子哭闹，或者尽快使孩子停止哭闹，父母采取的策略都是即时满足。比如，孩子口渴了，为了满足孩子马上喝到水的要求，父母通常都会用两三个杯子甚至更多的容器来回倒，试图让水尽快凉下来。孩子在旁边急得直跺脚，大人则在忙乱中不断地安抚着："快了，快了，马上就好了。"

如果父母一味被动地满足孩子的每个需求，就会使得孩子在面对诱惑时没有一点抵抗力。诱惑无处不在，但不是所有的欲望都能立即被满足，父母必须教孩子学会等待，学会控制自己的情感和行为。

父母可以利用"延迟满足"来锻炼孩子的耐力，针对不同年龄段孩子的应对策略各不相同。

不同年龄段的延迟满足

0—1岁

1岁之内的孩子还太小，一般来说，他们吃喝拉撒睡的需求父母都应该给予及时满足。延迟满足可以选择在孩子心情放松或玩耍的时候进行。比如孩子把玩具扔在地上，自己够不到，急得大喊，父母可以一边说"宝宝，等一等"，一边去捡玩具，稍停一下递给孩子。这一阶段的延迟满足时间要以秒计算，不可以超过一分钟。

1—2岁

1岁多的孩子已经能听懂简单的话了，父母可以用简短的语言让孩子学会等待。比如，水太烫，孩子着急喝，可以尝试着这样做："宝宝，你摸摸，烫不烫？等一会儿凉了才能喝哦。"注意要让孩子轻轻触摸，不要烫着。

2—3岁

2岁以上的宝宝，已经有了自我意识，多半都能听懂大人讲的道理，也能明白"等"字的含义。这时父母要有意识地带他多体验，比如，带孩子去超市，买了吃的，孩子迫不及待想要拆开吃。父母可以尝试这样说："宝宝，现在不能吃。要等妈妈付了钱才能吃。"再如，孩子看着桌子上的蛋糕非要打开，可以这样说："今天是爸爸的生日，咱们等爸爸下班回来一起吃吧。"

这一阶段的延迟满足时间，可以从几分钟延长至一两天。比如，孩子徘徊在幼儿园门口的玩具摊前不肯走，非要买一张恐龙贴画，父母可以尝试着这样说："宝宝，你看今天妈妈没带钱，等明天，妈妈带钱了再给你买。"

3岁以上

3岁以上的孩子已经能明白很多道理了，延迟满足的时间可以再长一点。比如一个星期，或者等到元旦、春节、生日等一些有纪念意义的时间。

让孩子确定自己会被满足

延迟满足的最终目的并不是不满足，而是等一等才满足。因此，父母要注意尽量避免直接拒绝和否定，要让孩子意识到稍等一段时间，他们的愿望就会得到满足。

比如，当孩子说"妈妈，快来看我画的画"，不要直截了当地说"不行，我正忙着呢"，可以换成"好的，等妈妈两分钟"。当孩子说"妈妈我要荡秋千"，不要直接说"不行，你没看别的小朋友正在玩吗？"可以换成"可以，但你要排队，等等前面的小朋友"。

如果只是简单粗暴地甩给孩子一句"不行"，孩子反而较真儿，从而更想要坚持自己的主张。父母要先接受孩子的请求，让他们明确自己的需求什么时间可以被满足，孩子逆反心理就会减少，并且更加愿意去等待。

需要注意的是，父母一定要说到做到，不可以欺骗孩子。不能答应孩子第二天去吃肯德基，结果第二天找理由不去。当孩子失去对父母的信任，会更加不愿意等待，因为他们知道等待根本没有结果。

让等待不那么枯燥

单纯的等待总是枯燥和无聊的，容易让人不耐烦。当孩子表现出不耐烦的时候，父母可以运用各种小游戏将孩子的注意力转移到他们感兴趣的事情上去。比如，鼓励孩子背一首古诗，唱一首儿歌。

有些经验丰富的父母也会在这个时候和孩子玩"猜猜看"的游戏。让孩子选出一个东西，再描述它的样子，父母通过孩子的描述猜它是什么。还有的父母会让孩子从周围的环境中找出一些有特殊特征的事物，比如写在墙上的孩子能够认出的字等。

玩这些小游戏的目的是转移孩子等待时那种不愉快的体验，让他觉得等待也可以是一件充满乐趣的事情。久而久之，孩子的耐性便能逐渐提高。

第六章

— 情绪稳定是一个人最高级的自律 —
——教孩子学会情绪管理

父母脾气暴躁，孩子也会易怒

父母是孩子最早和最权威的情绪导师。孩子会从父母的情绪反应中感知情绪控制力，如果父母总是喜怒无常或者情绪失控，那么孩子也会暴躁易怒。

父母的坏情绪是会被遗传的，小时候当我们被父母责骂、体罚时，都曾暗暗发誓，长大后，一定不会成为这样的父母。但往往事与愿违，长大后，我们都渐渐活成了父母的样子。比如，一位从小就被醉酒的父亲打骂的儿子，发誓自己以后绝对不要像父亲那样。但生活总是惊人地相似，他婚后竟成了和父亲一样醉酒打儿子的人。这就是现在我们常说的原生家庭的影响。为什么我们会成为和父母一样的人？

英国著名儿童心理医生、关系精神分析学家奥利弗·詹姆斯曾在著作《天生非此》中通过分析自己的经历和名人的案例得出结论：决定这种代际相似性的不是基因，而是后天原因。

奥利弗·詹姆斯认为，一个孩子从出生起，就开始努力迎合自己的父母，以便赢得他们的爱并获得其他物质方面的满足。对他们来说，要获得父母的赞同，最直接的方式就是完全复制父母的所作所为。

父母通常会通过言传、身教和身份认同三种行为机制来影响孩子。言传身教不必再解释了，身份认同是指孩子将父母的言行代入自身，并将其作为自己本身的一面。身份认同的根源是爱或恐惧，比如，当孩子爱自己的父母，就会认为自己应该成为父母一样的人。

虽然我们不愿意接受和相信，但原生家庭的影响从不曾消失，它已经潜移默化地印在我们的性格里。即便如今我们已有了自己的家庭，有了稳定的生活，但仍然抹不去原生家庭在我们身上留下的痕迹。正如美国著名"家庭治疗大师"萨提亚认为的那样："一个人和他的原生家庭有着千丝万缕的联系，而这种联系有可能影响他的一生。"

所以，如果我们自己本身脾气暴躁，那么完全可以预见，我们的孩子也将是一个脾气暴躁的人。相反，父母脾气温和，孩子在耳濡目染中，也会成为一个待人谦和有礼的人。

星云大师讲过这样一件事：他有一位很有影响力的教授朋友，有一次，这位教授带着正在读中学的女儿去街上买水果。在挑选水果时，因为教授穿着简朴，不像是有钱人，卖水果的商贩很势利，不耐烦地说："你到底买不买？"

教授回答说："买。"他将自己挑好的水果递给了商贩，商贩阴阳怪气地说："这种水果很贵的，你买得起吗？"教授一脸微笑，语气平淡："买得起。"回家的路上，女儿问教授说："爸爸，您是大学里人人敬仰的名教授，今天却让一个市井商贩这样挖苦讥讽，您不生气吗？"

教授回答说："不生气，待人礼貌、谦虚是我处世的标准，我并不会因为他人对我如何便降低自己的标准，况且，今天是我和他第一次见面，也可能是最后一次见面，何必大动肝火呢。"

有人说，我天生就是暴脾气，改不了。一个人脾气的好坏指的是他的性格，一个人的性格可以分为生性和习性，生性是天生所致，占到30%，习性是后天的习惯所致，占性格比重的70%。所以说，没有人天生就是坏脾气或者好脾气。虽然坏脾气改起来也许不容易，但并非不能改。至少，我们可以通过以下方法，练习控制自己的坏脾气。

冷静三分钟

父母想要以一个平和的态度来教孩子学会控制情绪，遇事冷静三分钟是必不可少的。父母有了烦心事想要发火的时候一定要远离孩子，或者是在发脾气之前告诉自己先冷静三分钟。当情绪稳定后，再回过头来想刚才的事情就理智得多了。

转移注意力

父母也可以通过转移注意力来平复自己的情绪。比如，看到孩子哭的时候，父母可以想一下自己什么事情还没有做，就不会因为孩子的哭闹而感到烦心了。父母在发怒的时候，也可以通过心理暗示来平稳自己的情绪。当想要发脾气的时候，可以告诉自己要平心静气，反复在心里强调几次之后，你就会发现自己也没有特别想发脾气了。

数到60位之后

数数，被很多人认为是个幼稚的办法，但是它却是最管用的。1、2，你要发怒，3、4、5、6，你还想发怒，慢慢数，数到60位之后，有火一般人也发不起来了。

控制情绪，并不是要求父母压抑或掩饰自己的情绪，而是要尽量避免或减少因自己的不良情绪而产生不适当的教育行为，给孩子留下不好的印象。

先了解孩子发脾气的原因，再做出回应

几乎每个孩子都会有"坏"脾气，他们会说一些语气强硬的话，同时伴随叫喊，甚至是砸东西等极具攻击性的行为。这个时候如果父母采取责骂、暴力殴打的方式去对待孩子，就会使孩子原本糟糕的情绪再上一个台阶。

儿童教育专家建议，当孩子有了"坏"脾气时，父母首先应了解孩子发脾气的原因，然后再采取适当的方法安慰或是制止孩子发脾气。

理解和接纳的前提是了解孩子发脾气的原因，孩子发脾气的原因一般有如下几种：

1. 因做不到或者做不好某件事而发脾气。当萌生了"什么都想自己来做"的想法时，孩子就会经常发脾气。例如吃饭想自己吃，但是因为不会用勺子，干着急，于是就生气发脾气。这类似于王小波说的："人的一切痛苦，本质上都是对自己无能的愤怒。"

2. 为了达到某种目的而发脾气。在商店里经常会出现这样一幕：

孩子想要某个玩具，但是父母不肯买，于是孩子就大发脾气，哭闹不休。一旦此法有效，孩子就会变得得寸进尺，脾气也变得越来越大，人也变得越来越任性、粗暴。

3. 身体劳累疲倦导致发脾气。当孩子学习压力大，睡眠不足，疲劳过度，就容易发脾气。年龄比较小的孩子会因为玩累了，睡前哭闹。

4. 健康原因导致发脾气。生病，身体不舒服，会影响孩子的情绪控制力。还有当孩子在生病期间受到"特殊待遇"，病好后"特殊待遇"取消，孩子也会因为不适应而发脾气。

5. 理智脑未发育好导致情绪不受控制。人的大脑从功能上分为动物脑和理智脑。动物脑负责维持人体的基本生理功能和情绪反应。绝大部分哺乳动物都有动物脑，比如，小狗高兴时会摇尾巴，小猫感到危险时会炸起全身的毛等。动物脑从孩子出生就开始发育，一直到12岁左右，即青春期逐渐完善定型。理智脑是人类区别于其他动物的最主要特征，它占脑容量的三分之二，负责判断、思考、认知和控制情绪。这部分大脑发育比较晚，一般女性在24—25岁，男性在30岁左右才发育成熟，才有能力调节情绪，控制冲动。也就是说，孩子在理智脑发育完善前，很难像大人那样控制情绪。

此外，孩子发脾气也可能是和父母赌气，或者寻求关注等。由此可知，孩子并不是无缘无故发脾气，父母要找到孩子发脾气的原因，然后再做出回应。具体的做法是：

觉察

觉察是对情绪的感知，没有感知就没有理解，没有理解就无法做出正确的回应和反馈。

　　妈妈在厨房忙碌，听到孩子在外面大喊大叫，妈妈心里非常烦躁，但还是决定出去看看。

　　可以想象，带着这种拒绝、不耐烦的情绪去面对孩子，肯定会忍不住对孩子大吼大叫，最后不欢而散。

　　此时妈妈不要着急出去，给自己两分钟抑制住内心想要发火的冲动，认真想如下几个问题：

　　孩子现在的内心感受是什么？

　　孩子为什么会有这样的行为？

　　孩子想要表达什么？

　　我应该怎么去应对？

　　做这些思考的时候，不要先入为主地认为孩子就是不乖，就是没事找事。妈妈不应该站在大人的角度去评判孩子的行为，而是要用心去体会孩子当时的感受，这样才能真正觉察到孩子的情绪。

　　然后，妈妈可以走出来，对孩子说："你看起来不太高兴，发生了什么事？"而不是直接指责："你叫唤什么？没看到我正在忙吗？"第一种说法，妈妈传递给孩子的是我注意到你有这种情绪，并且我接受有这种情绪的你。而第二种说法是对孩子情绪的指责和不接受。

　　在外面受了委屈后，有的孩子会表现出明显的不高兴，和家长大倒苦水。有的孩子可能只是有点儿闷闷不乐，沉默或者话变得很少。

父母要仔细留意孩子的情绪变化，及时给予支持和帮助。

约定

要和孩子做个约定，告诉他，我接受你所有的情绪，而不是所有的行为。比如，当孩子出现打人、摔东西的行为，明确地告诉孩子，愤怒是合理的，但破坏行为是不对的。这个约定会让孩子认识到自己错的不是情绪，而是行为，从而在内心里接纳自己的负面情绪，并有意识地去改变自己的行为。

行动

告诉孩子发脾气不能解决问题，解决问题靠的是智慧，要采取理智的行动去积极解决。比如，孩子因为被嘲笑而和人打架，他发脾气的原因是自己被侮辱了，希望得到别人友善的对待，但打架帮他得到友善了吗？很显然没有。怎么才能得到友善呢？让孩子知道自己发脾气只能让事情变得更加糟糕，要主动采取行动去解决。这样将来发生类似的问题时，孩子才会寻找其他方法来解决。

接纳自己的情绪

当孩子表现出不良行为，比如在公共场合大吵大闹，父母就会觉得很丢脸，进而变得愤怒，然后会向孩子发泄自己的愤怒。其实，父母在看到孩子有情绪时，也要看到自己的情绪，允许自己有情绪，处理好自己的情绪，然后才能更好地面对孩子的情绪。

最后，要注意，接纳不等于纵容。看到孩子的情绪，表达理解和接纳。能看到孩子情绪背后的需要，但不一定要给予满足。这样更有利于帮助孩子厘清混乱的自己，做出更理性的决定。

呢？到KTV吼几首歌？大吃一顿？去商场扫货？有时候，是不是也羡慕孩子想哭就哭？这都是发泄情绪的方法，我们需要发泄。相对于成年人，孩子发泄的渠道大概只有哭了。那么，作为父母，我们为什么要阻止孩子去发泄呢？为什么听不得孩子哭呢？

首先，孩子的哭声会给父母带来特殊的刺激。

在孩子不具有语言表达能力的时候，只能通过哭来表达需求，比如，渴了、饿了、难受了。这种表达会对父母产生一种特殊的刺激，会刺激父母的大脑，让其心跳加速、血压升高、感觉难受，从而影响情绪。

其次，父母的同类情绪被引爆。

有心理专家表示，如果孩子哭，会让父母觉得心烦意乱，那往往是因为父母内心积压了太多负能量，却一直没有宣泄的机会。而当孩子的哭泣触及了父母内心的同类情绪时，父母作为成年人就会担心自己压制不住，怕自己失控，所以就会大声呵斥孩子停止哭泣。

最后，孩子的哭泣会让父母产生无能感、挫败感。

德国教育专家麦克指出，我们不喜欢看到孩子难过哭泣，不仅是哭泣让我们觉得麻烦，还因为孩子的哭泣让我们怀疑自己的价值。孩子一哭，就觉得"麻烦"来了，"无能"的感觉也随之而来。

尤其是当父母想了很多方法，做了很多努力，都无法制止孩子的哭声，就会被无能为力的挫败感淹没，认为"我已经尽力了""你还要我怎么样？"很快，这种无助感、挫败感又会变成烦躁和愤怒。

成长的过程不可能永远都是开开心心的，总是会有很多孩子处理不了的委屈、难过、沮丧。允许孩子表达负面情绪，是引导孩子学习情绪管理的第一步。

但在生活中，很多父母总是渴望孩子开开心心，快快乐乐，而不想看到孩子哭哭啼啼，悲伤难过。所以，他们总是极力阻止孩子表达负面情绪，甚至打击他们的负面情绪。

一个男孩在学校被欺负了，回家向父母诉苦，父母却要他检讨自己是不是惹到别人了。

他说自己身体不舒服，有点儿头疼，爸爸的回应永远是："昨天又熬夜了吧？跟你说多少遍了，不要熬夜玩手机，就是不听，活该不舒服！"甚至越说还越生气，开始数落男孩的其他毛病。

他忍不住向妈妈说自己心里很烦，妈妈说："我们供你吃供你喝，你有什么烦恼？"

后来，这个男孩不再向父母倾诉，父母又骂他和家人一点儿都不亲。再后来，这个男孩患了抑郁症。

如果父母不允许孩子表达负面情绪，这些负面情绪就会像泥沙一样，一点点淤积在孩子心里，变成沉重的负担。

所以，当孩子表达负面情绪的时候，父母要给他们一点时间去宣泄，不要急着回应。比如，当孩子因为找不到队徽而哭，不要立即指责："你不会再好好找找吗？真是烦死了！"可以等他哭一会儿，再做回应："队徽找不到了是吗？你昨天换校服取下来没有？"这样可以让孩子冷静下来，开始回忆，自己寻找。

父母不仅要允许孩子表达负面情绪，还要给予孩子足够的情感回应，让孩子感受到被重视和关爱。

妞妞摔倒了，屁股疼得不敢坐凳子。她告诉家人她的屁股很疼，奶奶说："来，吃个鸡腿就好了。"爸爸说："就摔了一下，不疼的。"妈妈说："妞妞最勇敢，不怕疼。"

妞妞听着大家你一言我一语，没有一个人能真正理解她的感受，倍感委屈。

当孩子表达的情绪和感受长时间不被认可，只会带来两种结果：一种是情绪被孩子埋在心里，成为攻击父母的武器；一种是孩子将情绪"丢"给他人，一切都归咎于别人，都是别人不好，认识不到自己的错误。

如何帮助孩子消除内心的害怕和恐惧

　　"我怕黑""我怕妖怪""我怕恐龙来吃我""我怕坏蛋"……孩子惊恐的眼神、委屈的小脸，真的让父母感到既心疼又很棘手。

　　孩子为什么总是有害怕的东西呢？为什么天黑了之后就不敢一个人在房间了呢？为什么打雷孩子也会哭呢？其实，每个孩子的害怕都会有一定的理由。在孩子的世界里，有很多东西会让他们觉得不安全，他们在对新鲜事物产生好奇感的同时，也会生出一种对未知的恐惧感。这是孩子在成长中普遍存在的一种心理现象。

　　孩子所害怕的内容也会随着年龄的增长而有所变化。比如孩子在5—9个月的时候会对陌生人产生恐惧心理；3岁以前很容易被巨大的声响吓住，害怕身边的人离开，或者因雷电、狂风等自然现象而害怕，孩子在7岁的时候充满"恐怖"的想象，对想象中的"鬼""妖怪""巫师"感到害怕；随着知识的丰富，八九岁的时候对自然现象的恐惧减弱乃至消失，取而代之的是害怕自己的成绩不好或假期作业没有完成。

很多父母很不理解孩子的这种恐惧。"有什么好怕的？那都是假的，看你胆小的样子，真没有出息。"当父母这样和孩子说的时候，不仅不能消除孩子的恐惧，还会让孩子感到孤立无援。

儿童心理学专家陈健兴说："受刺激时产生恐惧、焦虑和紧张是每个人都有的正常心理活动，适当的刺激对孩子的成长有好处，能够锻炼他们的承受能力和胆量；相反，没有体验过恐惧感受的孩子，长大后容易胆小怕事，缺乏应对突发事件的能力。"因此，适当地让孩子体验一下恐惧是必要的。

沫沫开始的时候只是害怕黑夜，后来沫沫就连黑色的东西也害怕，妈妈决定帮助她战胜内心的恐惧。

一天晚上，沫沫和妈妈从奶奶家回到家，妈妈没有开灯。沫沫紧紧攥着妈妈的手说："妈妈，黑，我怕，我怕。"

妈妈抱住她说："宝贝，今天停电了，我们只能这样过了。"

"妈妈，我怕。"说完沫沫快哭了。

妈妈很快适应了屋内的光线，她拉着沫沫走向沙发，说："妈妈在，来和妈妈坐在沙发上。"

妈妈让沫沫坐到自己的身边，接着问："沫沫，告诉妈妈你为什么怕黑呀？"

沫沫紧紧地搂着妈妈的胳膊，说："妈妈，黑夜里有穿白衣服的鬼，会吐长长的舌头来抓我。"

"那今天妈妈就陪你在这里坐着，看有没有鬼出现好吗？"

"好，可是妈妈我怕。"沫沫缩了缩身子。

"嘘，小声点，我们不说话，看有没有鬼？"妈妈不再和沫沫说话，她感觉沫沫的小身体有点发抖，就抱她坐在自己腿上。

"沫沫，有鬼了吗？"

"妈妈，没有。"沫沫很小声地回答。

"那你怕吗？"

"有点怕。"

这时候，爸爸进来打开了灯，问："怎么和妈妈坐在这里呀？不怕吗？"

沫沫看着明亮的屋子，还有爸爸，突然大声说："爸爸，没有鬼对不对？"

之后，沫沫常常主动要和妈妈在关灯的房间里坐一会儿，慢慢沫沫就不再害怕夜晚了。

适当的刺激可以激发人的内在潜能，体验恐惧的方式有很多，比如，看恐怖电影、爬很陡峭的山峰、坐过山车等。孩子如果能在愉快中体验恐惧，会变得更有自信、勇敢。但要防止过度刺激，那会引发孩子的恐惧心理，让他变得更加胆小。

恐惧的感觉在我们每个人的心中都是很难掌握的一部分。所以，孩子恐惧的时候，会瑟瑟地躲在父母的背后，也会拉着父母的手远离他们害怕的场地，他们并不知道该如何调节自己的恐惧，只能把求助的眼神投向父母。如果这个时候父母不予理会，那么就会间接地把孩子推向恐惧的深渊。

有心理专家说："当我们把恐惧看作一扇窗子，从恐惧这扇窗子，我们可以看到幼儿必须经历的适应期。父母不需对幼儿的恐惧加以压抑，反而要试着在他恐惧时，教他如何面对以及如何处理。"这样才可以让孩子慢慢走出恐惧的阴影，战胜恐惧。那么，面对孩子的恐惧情绪，父母应该怎么做呢？

允许孩子害怕

有时候，父母不了解孩子恐惧背后的原因，所以当孩子只把"怕"说出口的时候，父母就大声制止："有什么好怕的，一看你就是个胆小鬼。"父母不允许孩子害怕，会让孩子觉得"怕"很严重，会让他们产生巨大的心理压力。其实，父母应该允许孩子害怕。比如，有月光的晚上孩子看到黑影感到恐惧时，父母可以说："孩子，别怕，和妈妈一起冲过去，我们不碰它就可以了。"然后对孩子解释影子产生的原理，了解了就不可怕了。

避免在孩子面前说怕

孩子看到父母对一件事情恐惧的时候，他们一定会认为这件事情非常可怕。比如，在打雷的时候，妈妈先喊了起来，接着你会听到孩子也喊起来。所以，父母也要给孩子树立一个榜样。比如，妈妈不小心划破手指的时候，一个人静静地涂上药水。孩子看到了妈妈不在乎的样子，再次遇到类似的事情时也就不害怕了。

对于孩子的恐惧，父母要及时引导，也要学会和恐惧中的孩子交流，避免恐惧长期停留在孩子的心中。

让孩子直面痛苦，而不是逃避

心理学家阿德勒曾说："当个体逃避了真实的痛苦，最后那些虚假的痛苦会比真实的痛苦更让人无法承受。"没有父母希望孩子感受痛苦，但每个孩子都将无可例外地遇到各种痛苦。教孩子去面对，他们才不会在未来遇到挫折、困难时决堤崩溃。

尼赫鲁的女儿英迪拉·甘地是一位非常出色的女性，她曾担任印度总理。同时，她还是一位非常有智慧、有远见的妈妈。

有一年，甘地夫人的儿子拉吉夫得了一场大病，不得不做一次手术。这一年，拉吉夫只有12岁，面对手术，他非常紧张、恐惧。医生为了避免孩子出现焦虑不安的情绪，就对拉吉夫说："手术并不痛苦，不用害怕。"可是甘地夫人却阻止了医生，她说："孩子已经懂事了，这样对孩子说，反而不好。"

她来到儿子床边，平静地说道："拉吉夫，做手术确实是一件比较痛苦的事情。尤其是手术后的几天，痛苦更加严重。这种痛苦是谁也无法代替的，哭泣不能减轻痛苦，喊叫也不能减轻痛苦，哭泣和喊叫还有可能引起伤口撕裂，加重痛苦。你能做的就是像一个男人一样，勇敢地去承受这一切。"

拉吉夫听了妈妈的话，勇敢地忍受了手术的痛苦。

卡尔·威特说："我们应该教育孩子去面对、承受生活中的各种痛苦、危险和灾祸，这样等他长大之后，才能承受生活中更大的危险和痛苦。我们现在的态度决定着孩子以后是勇敢还是懦弱。"

美国明尼苏达大学儿童发展学院的心理学教授安妮·斯坦博士曾经指出：在孩子还很小的时候，作为父母就应该逐渐培养孩子的心理承受能力，这样才能保证孩子在以后遇到挫折时，能够正确面对和处理。

在《和孩子划清界限——成功训育儿童自律的法宝》中有这样一个故事：

一个周末，Sam去探访原来照顾过他的佟阿姨，两个人去公园划船钓鱼，并且带回来三条美丽的金鱼，一条红色，一条黑色，一条红白相间。Sam可能是太喜欢金鱼了，不停地用手抓它们，结果没多久，就传来了Sam撕心裂肺的痛哭声：红金鱼死了！

Sam哭喊着要去再钓一条，但妈妈说天黑了，公园关门了，今天不能去了。他说明天去，妈妈说明天你要去幼儿园，只能周末再去钓鱼。他哭得更厉害了。Sam的爸爸责怪他不该使劲玩金鱼，妈妈说："不要说他啦，这么漂亮的鱼死了，多令人难过啊，让他好好伤心一会儿吧。"

　　Sam哭啊哭，吃完晚饭，还接着哭。妈妈让他给佟阿姨打了个电话，报告了这个不幸的消息，他又哭着跟阿姨分享了这份悲伤。哭够了，他说不跟爸爸洗澡，跟妈妈洗，洗完了澡，他的心情好转了。

　　父母希望孩子每时每刻都欢天喜地、无忧无虑，只要孩子有了一刻的悲伤，自己就恨不得变成神仙，喊一声变，就变出孩子想要的东西，马上把孩子从痛苦中解救出来，同时也让自己获得片刻安宁。可是，这样做虽然帮助孩子逃脱了痛苦，但同时也逃避了责任。

　　痛苦是孩子成熟道路上最宝贵的财富之一。美国心理学家、《和孩子建立疆界》的作者克劳德与唐森博士说："生活的意义并非逃避吃苦，而在于学习怎样有益地吃苦。从小就逃避痛苦的孩子，长大后会经历加倍的痛苦……这些问题来源于逃避暂时挣扎的痛苦、逃避自律和延迟享乐的痛苦。"

　　逃避痛苦，失去对痛苦的觉知，会让孩子成为一个冷漠的，看不到自己内心需求的人。那么，父母该如何引导孩子面对痛苦呢？

　　不要把孩子当成弱者

　　不要把孩子当成弱者，不要总是为孩子挡风遮雨，要给孩子独立面对困难和考验的机会，相信孩子历经风雨能变得坚强起来。

　　在电影《奇迹男孩》中，10岁的奥吉面部天生有缺陷，他戴着一个巨大的太空头盔，以掩饰自己因为手术而伤痕累累的脸庞。奥吉没有上过学，他学的知识是妈妈在家教他的。但是，奥吉不能永远把自己锁在家里，他必须走出家门走进学校，不仅仅是为了学习知识，更是为了学会和除了家人以外的人交流。

因为外貌怪异而遭人嘲笑和欺负，这是奥吉必须面对和承受的，只有成功迈出这一步，奥吉才能成长，变得强大。这是一场必须由奥吉自己打的硬仗，任何人都无法援助，因为他要赢的那个人，是他自己。

奥吉最终战胜了容貌上的自卑，找到了自信，赢得了朋友。

不把孩子当成弱者来看待，你就会发现孩子并不像你想象的那么脆弱，他的能量远超你的想象。

给予鼓励

当孩子在遇到巨大困难而产生退缩的想法时，父母要鼓励孩子，让他认识到挫折是难免的而且是可以战胜的，关键在于自己如何正确地认识和对待它，只有鼓起勇气努力向前，才能最终克服困难，战胜挫折。

同时，当孩子在面对挫折教育的考验，通过努力取得一定成绩时，要及时肯定，让孩子看到自己的能力，从而更有信心地去面对困难。

很多父母不忍心看到孩子悲伤、痛苦，但是过多的怜悯和同情会使孩子没有面对痛苦的能力，也使他们失去吸取教训、获得第一手宝贵经验的机会。真爱孩子的父母，会鼓励孩子直面痛苦，虽然这意味着我们自己也要经历一些煎熬。

了解需求，让愤怒的孩子平静下来

心理学家李雪说："我们睁着眼，却是全盲。"这句话用在教育的过程中非常贴切，父母明明爱孩子爱到骨头里，疼孩子疼到心尖上，却唯独没有深入了解孩子内心的需求和想法，没有真正地理解孩子的情绪。

在一段名为《这是我看过最可怕的孩子，居然殴打育儿师》的视频里，一个男孩情绪失控，歇斯底里地大叫、砸椅子、掀桌子、扔东西、打人，非常"暴力"。他的妈妈在旁边，却仿佛置身事外，没有主动上去安抚孩子，只是冷漠地坐在一旁观望。

在生活中，面对孩子的愤怒，一些父母会轻易妥协来息事宁人；一些父母则刻意严厉到近乎冷漠，就像视频里的这位母亲。有人指责孩子没有教养，"欠管教"，却很少有人看到孩子是在向人"呼救"，包括向他的母亲。

当孩子愤怒的时候，最信任、最亲密的父母却表现冷漠，不在乎，甚至嫌弃，亲子之间的联结就断了。孩子不能确定爸爸妈妈是否还爱自己，出于害怕的本能，只能会愈发愤怒，以此来试探父母是否在乎自己。

愤怒的情绪会让孩子的身体失控，失去安全感，那是他们最不喜欢的感觉，但他们又不知道如何应对，甚至不知道自己是如何被愤怒控制的。因为每一次发脾气，父母都只是哄一下，或者分散一下注意力，或者干脆置之不理。虽然情绪暂时被转移或者抑制，但是下一次情绪来的时候，他们仍然不知道如何疏导管理，只能继续用自己习惯的本能方式来发泄，那就是发火、打人、扔东西。

愤怒的背后，必有所求。唯有父母看到孩子愤怒背后的需求信号，才能让孩子平静下来。在《倾听孩子》一书中，写了这样一个案例：

一个单亲妈妈独自抚养两个儿子。她在小儿子生日的时候，送给了他一个和大儿子收到的差不多的生日礼物。

小儿子收到礼物时，没有开心，反而无比愤怒，他大喊："你为什么送我这个？你心里根本没有我！只有哥哥……"

然后，小儿子就要去摔礼物。

妈妈没有训斥小儿子，而是看见了隐藏在小儿子愤怒后的需求——他觉得自己不被重视，他在质疑妈妈的爱。

于是，妈妈平静地说："我很遗憾你不喜欢它，但我真的是想要送你一件好礼物。"

妈妈见小儿子没有说话，接着说："我爱你，决不愿意伤害你。"

妈妈边说边靠近孩子，把手放在他身上，继续说："亲爱的，从你出生那天开始，你对我就是非常宝贵的，以前是，现在也一样。"

听到这里，小儿子开始哭了。妈妈拥抱住他，问他："你还想知道，我有多爱你吗？"

小儿子点点头，于是，他们依偎在一起，开始回忆过去幸福的点点滴滴。

就这样，小儿子彻底平静了下来，并高兴地接受了生日礼物。

看见需求，是疗愈的开始。当孩子表现出愤怒的情绪，我们要把它看成一种求救信号，并问自己："孩子想要的是什么？"然后，我们只需平静地、温和地不断向孩子输送爱和帮助，孩子就会停止愤怒，慢慢回归平静。

当然，每个孩子回归平静的方法也不尽相同。明尼苏达大学的雪莉·盖勒说过："对一些孩子来说，咬咬大拇指，抚摸一阵毛毯，或者坐在妈妈的膝上听一个故事就能平静下来，而另一些则可能需要尖叫一阵，如果尖叫能够阻止他们把东西砸坏，尖叫也行，因为最终的目的是教孩子学会镇静下来的办法。"让孩子平静下来，父母要给予孩子适当的帮助，而不是在孩子哭闹的时候，冷漠地观望或者手足无措干着急。下面一些方法也许能够帮到你：

紧紧抱住孩子

所有父母都知道当婴儿在襁褓里哭闹的时候，紧紧地将其抱在怀里，不一会儿婴儿就会停止哭泣。其实，这个方法同样也适用于大一些的孩子。比如，当孩子不小心摔了一跤或者是碰破了某个部位，孩子可能会大哭大叫，这个时候，你可以抱住他，然后拍拍他的背，他也会慢慢安静下来。在抱住孩子的时候，可以适当加大点力度，让孩子感受到你的在乎。

给孩子诉说愤怒的机会

也许你会发现，当你耐心地蹲下来愿意听孩子把他想说的话说完，即使不给予任何安慰，孩子也会慢慢地安静下来。

也可以通过亲子游戏的方式，给孩子一个表达的机会。游戏规则如下：父母和孩子背靠背坐着，让其中一个人在不被打扰的情况下说3分钟，说出自己的委屈和想法，而另外一个人只需要聆听。每个人轮流说，一直把想说的说完。

记住，孩子在诉说愤怒的时候就算愤怒指向了你，也要让孩子把话说完。父母的这种支持会告诉孩子，愤怒是可以通过这种方式来发泄的。

用小纸条写下反击的话

在心理学上有一种释放怒气的做法，就是在手纸或者是纸巾上写下愤怒反击的话，只给自己看。父母可以让孩子在纸上写下内心的愤怒，比如，"我讨厌你，讨厌你让我留下来值日"，"我知道是你给我背后贴小纸条的"……之后，鼓励孩子处理掉这些便条，烧掉、撕碎冲入马桶，顺便把自己的"敌人"也处理掉。

值得注意的是，千万不要跟愤怒中的孩子讲道理，更不要斥责批评他。这只会让孩子觉得，你在意的是对错，并不是他，进而导致亲子联结再次断裂。

第三篇

▼

自　　主

第七章

把选择权还给孩子

——培养孩子的自主决策力

孩子再小，有些事也可以自己决定

联合国《儿童权利公约》规定，儿童享有生存权、发展权、受保护权和参与权四大基本权利。如果孩子从小就被给予参与权，那么孩子就会养成爱思考的习惯，成为有主见、有鉴别力的孩子。等孩子长大，在需要自己做决定的时候，他们会更加坚定、独立和自信。

但是，很多父母习惯了替孩子做决定，每天从早上穿什么衣服，吃什么早饭，到去哪里玩耍，做作业的时间，再到上什么兴趣班，选什么专业等，都给孩子安排得妥妥当当。

其实，孩子在1岁多就开始出现了独立自主意识的萌芽。孩子有了自主意识，就不再愿意什么事情都听父母的，有了自己做决定的需求。他们开始对大人的安排说"不"，要求自己拿小勺吃饭，自己洗手，自己穿衣服，甚至还想自己去买东西。

心理健康研究表明，如果孩子的自主需求长期不被满足，自主意识就会被抑制，孩子做决定的欲望就会被慢慢磨灭。随着年龄的增长，就会形成习惯。长大成人后，孩子就会缺乏判断力和选择的能力，在应该自己做决定的时候，却茫然失措，没了主见。比如在婚姻大事上，有的人竟然连自己喜欢什么样的人都不能确定，最后还是按照父母的安排结婚了。

有的父母会说，孩子还小，怎么自己做决定？那么，让我们来看看随着年龄的变化，在和孩子有关的事情上，父母和孩子所持有决定权的变化，以及所承担责任的变化，如下表所示。

年龄段	孩子的决定权	父母的决定权
0—1岁	无决定权	完全决定权
2—3岁	少部分决定权	最终决定权
幼儿园	部分决定权	最终决定权
小学	部分决定权	最终决定权
初中	部分决定权	最终决定权
高中	大部分决定权	最终决定权
大学	最终决定权	建议权

由此可知，父母在孩子的事情上，决定权随着孩子年龄的增长而逐渐减少，相应地，孩子对自己事情的决定权则随着年龄的增长而逐步增多。直到最后，孩子成年，对自己的事拥有最终决定权。

一个成熟独立的成年人，不仅要具备选择人生发展方向的能力，还要能为自己的选择负责。作为父母，要帮助孩子真正地长大成人，那就一定要帮助孩子实现生活和思想上的独立。

孩子的自主决定能力不是天生的，而是慢慢培养和锻炼出来的。所以，不要以孩子还小为由剥夺孩子的决定权。只要是孩子能够做、应该做、做起来安全的事情，父母都应该给予孩子做决定的权利。

比如，2—3岁的孩子，虽然经验不足，能力有限，自己做出的决定往往是不恰当的，甚至是错误的，但父母仍然要在适当的时候让孩子自己来做决定。那么，在这一时期，哪些是孩子能够自己决定的事情呢?

自己吃饭

孩子想要自己吃饭时，给他系上围兜，由他自行尝试。虽然在练习自己吃饭时，孩子常常会弄得满脸、满地都是，但这很正常，不要因此责怪他们，更不要因此剥夺他们独自吃饭的机会。

选择穿喜欢的衣服

穿什么款式的外套，哪一种颜色的袜子，可以交给孩子自己做决定。如果孩子挑选的衣服、鞋子不适合当前的天气，可以给孩子提供更多的选择或者建议。比如外面冷，可以让孩子选择戴哪一种帽子，或者建议孩子穿上厚外套。

选择玩什么和在哪儿玩

在保证安全和不妨碍他人的前提下，让孩子自己决定玩什么和在哪儿玩。在孩子选择的玩耍时间和区域内，父母尽量不要干扰他们。

分享东西

当孩子不愿意与小朋友分享自己的玩具和零食时，不要强迫，而要给予正确的引导。

哭的权利

当孩子受挫、受伤时，给他们哭泣发泄的权利。此时，不要急于给孩子肢体或者言语上的回应，给他们一点时间去平复心情。等孩子停止哭泣，再给予安慰和引导。

独处的地方

当孩子心情不好或情绪不佳时，有选择独处的自主权，这段时间暂时不要去打扰他们。

另外，在关乎孩子健康和安全这些比较重要的问题上，父母可以在特定的条件下给孩子做决定的权利。比如吃一颗糖还是吃两颗，现在关电视还是5分钟后关等类似的问题。当父母把决定权交给孩子，孩子就会产生自主感。这种自主感会让孩子更有动力完成自己的决定，也更乐意配合父母。

当然，孩子的年龄越大，父母允许孩子做决定的事情也就越多。但前提是，父母必须在孩子小时候就引导他们做决定，这样孩子才能在未来做出更冷静、更理智的决定。

关于"兴趣班",和孩子商量后再决定

当孩子进入3岁的成长期,不管是被动还是主动,兴趣班就成了父母不得不考虑的问题了。关于给孩子选择兴趣班,父母们的出发点都是什么呢?

没有实现的童年梦想,就让孩子帮我们完成吧!

莉莉刚出生不久,爸爸就买了一架钢琴放在家里。爸爸小时候的梦想就是坐在钢琴前,流畅地来一首《致爱丽丝》。但他的梦想因为家里穷而折翼,如今他把自己的期望寄托在女儿身上。

别的孩子都在学,我家孩子怎么能落后?

要放寒假了,皮皮却一点儿都不开心。因为他的妈妈早就为他准备了好几个寒假班。他想少报两个,妈妈却说:"那怎么行,你们班的孩子可都上了,你可不能给我掉链子!"

工作太忙，放假只能把孩子交给兴趣班。

悠悠的爸爸妈妈工作特别忙，每天早出晚归，根本顾不上她。让她一个人待着又不放心，就报了好多班，认为把孩子交给老师，就不用自己操心了。

孩子成绩不好，走特长生的路子也能升学！

文文学习成绩一般，但他特别喜欢美术。妈妈就给他报了昂贵的美术学习班，要他好好学，并且告诉他以后就走特长生的路子升学了。在妈妈的影响下，文文对学习也越来越不用心了，认为自己只要画画好，文化课没那么重要。

素质教育时代，多培养点兴趣总是好的。

姐姐的妈妈不仅给姐姐报了舞蹈班、绘画班，还报了播音主持班、大提琴班、古筝班……她觉得未来的社会，光有成绩远远不够，多才多艺更重要。

…………

无论出自哪一种理由，在兴趣班的选择上，父母多半都是站在自己的角度去思考的，而不是以孩子的兴趣为重。虽然越来越多的父母开始征询孩子的意见，极少有父母逼迫孩子去上不喜欢的兴趣班，但这种征询意见也仅仅是停留在"我选的课程你接不接受"上，是力求在"我认为是好的"和"孩子不反感"之间找到平衡，并未真正去了解孩子喜欢什么。

比如，某心理研究机构抽取调查了6个孩子报兴趣班的情况。这6个孩子中，最多的一个孩子报了7个兴趣班，最少的也报了3个。只有其中一个孩子报的篮球班是自己要求的，其他孩子的所有兴趣班都是爸爸妈妈给报的。一个孩子表示："爸爸给我报的跆拳道，没有特别喜欢，也不讨厌。"另一个孩子则表示："爸爸给我报的编程课，我不喜欢，但爸爸说那种技能在以后很重要，让我好好学。"

总之，即使父母以开明的姿态征求孩子的意见，也仅仅是给孩子一些鼓励和支持，而没有把孩子的话真正听到心里去，更不会参考孩子的意见放弃一些兴趣班。比如，有孩子说："我和妈妈说了好多次我不想上演讲口才班，她不听，一旦发现我在课堂上表现不好，我回家就得挨打。"

那么，究竟该如何帮孩子选择兴趣班，或者说如何才能把孩子的意见听进去？

反思"为你好"究竟对孩子是否有利？

想想报班的时候，你考虑的是不是都是为了孩子好。比如，美术班可以锻炼孩子的想象力、动手能力，声乐班可以陶冶孩子的情操，英语班最实用，从小练英语口语和听力，跟外国人"沟通零距离"，以后考试、留学都不用愁了。再如，小主持人班一定能把孩子的胆小给治好，说不定还能让孩子变成小明星。

看起来，每个兴趣班都能让孩子受益无穷，值得父母为之付出大把金钱和大量精力，但这种"好"真的对孩子有利吗？尤其是父母每周末像打仗一样带着孩子奔赴兴趣班，大人一脸疲惫，小孩子一脸厌倦，也许最后只能是赔了金钱，还恶化了亲子关系。

征询孩子的意见前，先了解孩子的兴趣

很多父母给孩子报兴趣班要么是盲目跟风，要么是受兴趣班的宣传影响，却忽略了最关键的一个因素：孩子的兴趣。

父母要细心观察孩子的行为，比如有的孩子在两岁的时候就特别喜欢涂涂画画，那这个孩子可能对绘画有兴趣。有的孩子痴迷于跟着音乐的节拍跳舞，还有的孩子对数字特别敏感。如果父母捕捉到了孩子的兴趣信息，再和孩子进行选择兴趣班的沟通，孩子一定是乐意配合的。

允许兴趣发生转移或者变化

父母最怕孩子三分钟热度。孩子学了一半要求放弃，要不要让他坚持？

5岁的冬冬缠着妈妈要学架子鼓，妈妈见他热情高涨，就给他报了名。结果学了三个月，他就和妈妈商量不想学了，经过反复沟通，确定他是真的不想学了，妈妈就爽快地答应了。

朋友们得知此事，都质疑冬冬妈妈的决定，这样由着孩子，会不会导致孩子干什么都知难而退、半途而废？

事实上，孩子选择兴趣班并坚持学习下来的最佳年龄是8岁以后，甚至更大点儿都无妨。因为那时孩子的大脑皮层才发育成熟，能够懂得坚持、忍受枯燥、克服懒惰。孩子的肌肉、视觉、神经以及协调、运动、平衡能力也才发育成熟。孩子的审美和鉴赏能力也才能达到一定水平，不易受成年人左右和影响，会更加坚持自己的主意。

另外，即便孩子没有说要放弃，父母也要经常和孩子沟通。了解孩子在学习过程中体验到的乐趣，遇到的问题，给孩子更多的支持和帮助。因为即便是有专业老师的指导，但每个人的付出不同，下的功夫不同，得到的结果自然也不同。

给了孩子选择权，就要尊重他的选择

很多父母一面豪气地让孩子自己做决定，一面却因为孩子的选择不符合自己的预期，以各种理由说服孩子改变选择，甚至强硬地要求孩子改变和放弃。

放学路上，一家教育机构正在做扫码送气球的活动。齐齐嚷嚷着要气球，妈妈爽快地答应了，她打开手机扫码。教育机构的工作人员问："小朋友，你想要什么颜色的气球？来！自己选。"

"我要粉色的。"齐齐答道，伸手就去够那个粉色的。

妈妈听到立即制止说："不行，哪有男孩要粉色的？再选一个，你看这个蓝色多好。"

齐齐不同意，说："我喜欢粉色，我就要这个。"

妈妈拉下脸来说："如果要粉色，你就别要了。"

齐齐还是坚持要粉色。

妈妈随手拿了个蓝色气球，转身拉齐齐离开。齐齐不肯走，妈妈

拖着他，他一边挣扎一边哭。

很多时候，不是父母不给孩子选择和决定的权利，而是当孩子做出的选择和决定没有符合父母的预期时，被父母强硬地收回了做决定的权利。长此以往，孩子会觉得，自己最好别进行什么判断，做什么决定，因为一切最终还是父母说了算。

比如，很多父母常常出于实用或经济的目的给孩子买东西，但孩子可能碰都不去碰它们。这就是为什么很多孩子明明有许多衣服和鞋子，但是他们还要央求父母再买新的。因为父母给他们买的东西没有融入他们的判断和选择，他们并不喜欢。

一位母亲在鞋店里对儿子说："你可以挑一双自己喜欢的新鞋子。"儿子马上挑出了一双昂贵的牛仔皮鞋。母亲说："我说的可不是这个。"儿子看看母亲的脸色，又换了一双今年很流行的新款休闲小白鞋，母亲白了他一眼，说："这个太容易脏了，怎么穿？"然后，她非常不耐烦地挑出了两双正在大减价的旅游鞋，说："就从这两双中挑一双吧。"

其实，这位母亲可以这样说："我给你100元让你买鞋。你可以在这商店里任意挑选一双价格在100元以内的鞋子。你也可以等上两个月，把你的零花钱攒起来，然后买一双贵点的鞋子。"这样，母亲是站在孩子的立场上考虑问题，既尊重了孩子的需要，同时也满足了自己想要省钱的目的，孩子也一定会认真思考妈妈的建议，心甘情愿做出选择。

　　未来，孩子将面临更多的选择和决定，选择能力的缺乏只会带来恐惧和紧张。因此，父母不仅要允许孩子说出自己的选择和决定，更要试着尊重他们的想法和意愿。

　　允许孩子做出错误的选择

　　孩子还小，他们的选择并不会都正确。在选择和取舍的过程中，孩子肯定会摔跟头，会走弯路，但孩子的选择能力也正是在一次次尝试中得到提高的。

　　Elias拿自己的电动小汽车换了小朋友一个发条小青蛙，他的妈妈没有阻止他，而是对那个小朋友的妈妈说："你儿子喜欢，这辆小汽车就归他了。我等会儿去玩具店，让他知道这辆汽车值多少钱，能买多少个小青蛙，下次，他就不会再干这样的傻事了。"

　　明知道孩子的决定是错的，但出于尊重孩子的考虑，Elias妈妈仍然接受了孩子的决定。但这位妈妈的智慧在于，她没有就此打住，而是想办法让孩子明白他的决定是错误的。相信她的孩子会从这件事中学到很多，在以后再做类似的选择时，一定不会再犯这样的错误。

　　讲清利害，让孩子自己做决定

　　随着孩子年龄的增长，他们会越来越有能力做出选择，且能为自己的选择承担责任。父母要做的是给孩子讲清各种选择可能带来的后果，然后，让孩子自己做决定。

雷雷刚补完牙，说想吃火锅。妈妈看他一脸馋相，没有直接拒绝，而是说："你刚补了牙齿，吃火锅可能会上火，导致牙龈发炎，还得去医院看病。如果你还是想吃，妈妈可以带你去吃，但是后果你得自己承担。"

雷雷想了想，提议过两个星期再吃。

一味拒绝，反而让孩子心生叛逆，非要坚持自己的选择。身为父母需要做的就是要让孩子明白任何一个决定都会产生后果，并且做决定的人要承担这样的后果，这样孩子在做决定之前，就会更加慎重，更加理性。比如，过马路是否要走人行道、早上是否要按时起床、陌生人给的东西要不要接受……让孩子预期到一些决定会给自己带来的风险，会促使他们权衡利弊，做出最有利于自己的决定。

父母要尊重孩子的决定，通过做决定，让他们学会选择，享受选择的乐趣，承担选择的结果，锻炼判断力和自主力。

当孩子说想养宠物，别急着拒绝

当孩子对你说"妈妈，我想养一只猫咪"时，你该怎么办？是毫不犹豫地领一只回家，还是断然拒绝任他伤心欲绝，又或者找各种理由，拖一天是一天？

小美和妈妈路过宠物店，就进去逛了逛，恰好看到刚出生不久的一窝小猫咪，毛茸茸的非常可爱。于是，小美央求妈妈养一只。而小美妈妈认为猫咪身上有很多细菌，可能还会抓人，就借口说回家和爸爸商量再决定，把小美哄出了宠物店。

没想到，小美回到家依然不依不饶，任由妈妈好说歹说仍然坚持要养。弄得妈妈烦透了，对着她大吼了一顿，警告她以后不许再提养猫的事。

从小鸡、小鸭、小鱼、乌龟到猫猫狗狗，小孩子对可爱的小动物完全没有抵抗力，总是忍不住想要亲近它，抚摸它。孩子想要养一只宠物，是发自内心地喜爱动物，父母直接拒绝，就像往孩子头上倒冰水一样，令人难以忍受。

如果家里有条件，孩子对宠物毛发也不过敏，给孩子养只宠物也不是很糟糕的事情。养宠物的好处还是不少的：

1. 养宠物可以培养孩子的善良与责任心

美国哈佛大学心理研究调查显示，家中养宠物的孩子和没养宠物的孩子相比，责任感高出20%。这是因为孩子在给宠物打扫卫生、喂食的过程中，能够学会照顾他人的感受。

2. 宠物是孩子的好伙伴

在独生子女家庭中，孩子有时难免感觉到孤单。如果有个宠物陪伴，和孩子一起玩耍，会让孩子享受到被陪伴的快乐。

3. 提高孩子的观察力

小动物的成长变化，比如外形、体型的变化，食量的变化，或者本领的变化等，都会被孩子看在眼里。在和宠物相处的过程中，孩子可以观察到平日里接触不到的东西，这对开阔眼界有很大的帮助。

当然，养一只宠物仍然是一个需要慎重做出的决定，父母必须让孩子明白，养一只宠物，不是一时兴起，而是一种责任。

在绘本《我要大蜥蜴》中，讲述了小男孩阿力想养一只大蜥蜴做宠物的故事。他给妈妈写了一张又一张纸条，去说服妈妈养一只大蜥蜴做宠物。虽然妈妈并不认同他养一只蜥蜴，但她始终以平等尊重的态度和阿力沟通。她平心静气、有理有据地说出自己的想法，让阿力明白养一只大蜥蜴做宠物是一件多么不容易的事情，要养它就必须承担责任。

养宠物不能心血来潮，必须慎重决定。在决定养之前，一定要和孩子做好以下沟通。

让孩子了解养宠物的"麻烦"

告诉孩子，养宠物真的很麻烦！那不像是从玩具店带一件玩具回家，想玩的时候玩，不想玩的时候就收到玩具箱里。宠物是一个鲜活的生命，我们除了享受它卖萌撒娇惹人怜爱的乐趣外，还需要给它喂食、梳毛、洗澡、铲屎。宠物也会像孩子一样淘气惹祸，比如把食盆打翻，把沙发抓破。所以，在享受和宠物相处的快乐的同时，还必须承担起照顾它的责任和义务。

承担养宠物的责任

在同意孩子养宠物的决定之前，务必和孩子确定好责任划分。要引导孩子对宠物负责，照顾宠物的吃喝拉撒。父母不能全面将宠物接管过来，那样只会让孩子事事依赖父母，不利于孩子建立责任感。

我们不能低估孩子的能力，他们其实可以独立完成很多照顾宠物的事情。但专家建议最好等孩子6岁之后再让他们养宠物，这个年龄段的孩子，一般都具备了自我照顾的能力，可以独立地照顾宠物。不然，孩子过小，大部分照顾宠物的责任会落在父母身上，如果妈妈在照顾孩子的同时还得分身照顾宠物，会让生活变得比较辛苦。

如果不能把宠物带回家，可以想其他办法养宠物

如果孩子特别想养一只宠物，但家里又实在没有条件帮孩子实现这个愿望，父母可以想别的办法试一试。比如，去动物收容所做志愿者，或者定期去喂食小区里的流浪猫、狗，再或者帮助临时有事的邻居照顾宠物，都可以创造孩子与小动物相处的时间。

总之，养宠物就跟养孩子一样，需要孩子付出足够的耐心和爱心，以及包容心。如果孩子只愿心情好的时候陪小宠物玩一会儿，不高兴的时候就置之不理，父母还是委婉拒绝为好。

家里的大小事，允许孩子参与决策

在家里，有些事情父母可以主动征求孩子的意见。不管孩子的"点子"如何，至少给孩子提供了一个表达想法的机会，这也是培养孩子独立自主的重要环节。

柯均家的房子装修时，妈妈把他当成了小大人，经常与他商量：

"你想把房间的墙壁涂成什么颜色呢？"

"你想把书柜和床摆在哪个位置呢？"

"你认为什么款式的沙发比较好呢？"

有时，柯均拿不定主意，妈妈就会和他一起搜索资料，比较别人的设计和搭配。

孩子年龄再小，也是家庭中的重要一员，有资格参与家庭决策事务。但很多父母认为孩子还小，参与家庭事务完全没有必要。尤其是在一些重要的事情上，小孩子能帮什么忙？事实是，如果孩子从不参与家庭事务，长大后会变得非常没有责任感。特别是当家里有事情需要他们给予意见或者帮助时，他们就会习惯性地推卸责任，或者逃避责任。

从小不参与家庭事务的孩子也没有归属感。因为归属感的来源就是父母认同孩子，重视孩子，让孩子感受到他是这个家的一分子。而如果父母从没有让孩子在家庭事务中出过力，提过建议，孩子内心就会没有归属感。

那么，如何让孩子参与到家庭事务的决策中呢？

允许孩子3岁以后参加家庭会议

3岁的孩子就可以参加家庭会议了，如果你担心他会捣乱，可以提前给他立规矩。比如，让他在别人发表意见时保持安静。当孩子习惯了这种氛围，就不会哭闹，还会跟随大人一起思考解决问题的方法。

让青春期的孩子参与家庭大事

父母不愿孩子参与家中事务，一个重要原因是孩子小，另一个重要原因是怕耽误孩子学习。比如孩子上初中或高中了，学业比较忙，父母通常不愿意耽误孩子的学习。而李玫瑾教授则说："孩子越是到了青春期，越要让他承担事，比如家里老人病了，你要告诉他周一到周五你照顾，周六、周日让他照顾两个半天，这样你老了他也会照顾你。"李玫瑾教授认为，学习不差这一两天，这一两天不会成为影响他能不能考上大学的关键因素。关键是让孩子知道，在这个家庭里，他是有责任的。在家里不担责，那么能指望他在社会上担责吗？

不隐瞒，告知孩子家中发生的事情

对于家里发生的一些事，父母瞒着孩子的一个重要原因是，担心孩子年龄小不懂事，会把家里发生的事口无遮拦地到处乱说。

但发生的事，孩子早晚会知道。故意隐瞒只会让孩子感觉到自己被排斥在家庭之外，不被信任和尊重，从而对父母产生不信任感。不如把家里发生的事坦白告诉孩子，让孩子发表自己的意见。如果害怕孩子口无遮拦，也可以提醒他要保守秘密。孩子也是很讲信用的，只要和父母达成了协议，一般都会管住自己的嘴巴。

尤其是那些涉及孩子的事更有必要让孩子知道，不要以为孩子小，什么也不懂；更不要以为孩子是你的，你就可以随便替他们做决定。

尊重孩子的意见，合理鼓励

允许孩子发表意见，如果意见合理，可以采纳并且给予鼓励，这样能增加孩子的责任感和积极性。如果孩子的意见不合理，也不要露出不屑的表情，更不要嘲笑和打击，而应建立平等对话，进行商讨，最后形成双方可接受的意见或办法。

给孩子参与家庭事务的机会，是尊重孩子的表现，这会让孩子觉得自己得到了认可，进而变得更加自信独立。

别忙着给答案，给孩子足够的独立思考时间

　　面对孩子的问题，无论是各种奇怪问题，还是不会的作业题目，很多父母只要会，就会秒答。如果不会，也会立即查资料，或者求助老师，然后告诉孩子正确的答案。甚至孩子并没有主动提出问题，在旁边观察的父母发现孩子的问题，也会立即纠正，告诉他解决的方案。

　　亮亮坐在地上玩套杯玩具，他分不清大小，没有按照大小次序来，总是拿大的往小的里面套。坐在旁边的妈妈告诉他，这个最大，要找比这个小一点的，套进去，再找一个小点的，套进去。妈妈一边说，一边演示。

　　亮亮刚套上两个圈，妈妈马上阻止："不对，不对，每次要找剩下的杯子里最大的一个，你看蓝色的最大。"只要孩子套得不对，妈妈就会立刻指出并纠正。

　　亮亮转身去玩沙子，他用铲子往漏斗里装，结果还没等他把漏斗

放到装沙子的瓶口，沙子就漏光了。妈妈立刻蹲下说："来，妈妈教你！把漏斗对准瓶口，再把沙子从这儿灌下去。"

很多父母认为多告诉孩子一些，孩子就多知道一些。但是他们没有意识到，让孩子去"走冤枉路"也是一种学习方法，而且这样的记忆会更深刻。心理学家皮亚杰说："每当我们告诉孩子一个答案，就剥夺了一次孩子学习的机会。"

所以，在培养孩子自立的过程中，建议父母不要直接给孩子问题的答案。就算知道，也要抑制回答的欲望。首先，这是因为孩子在提出问题的同时，已经在想答案了，他们只是想让父母做出积极的回应，帮助他们更深入地探索他们的想法。

其次，直接告诉孩子答案会让孩子产生思维惰性，就连最简单的问题也不想思考。就像是我们在替他们做脑力劳动，这对孩子没有帮助。这一点在孩子写作业时最为常见。有的孩子瞄一眼，可能连题目都没有看清，或者根本没有认真阅读题目，就立即求助父母。而父母大概在忙着做饭或者打电话，为了赶紧把孩子打发走，就立即告诉孩子答案。孩子也乐于不用思考，且能又快又正确地完成作业。

不经过思考，不经过努力就得到答案，孩子不会学到解决问题的真正方法，渐渐地，思考能力和学习能力会越来越弱。而且父母直接告诉孩子答案，也无法了解孩子不会的真正原因，是上课没有认真听讲，还是思考问题的角度或方法不对路。这显然是比一道题目不会做更严重的问题。

高明的父母面对孩子的问题，往往不会直接告诉孩子答案，而是教给孩子解决问题的方法，让孩子从中学会独立思考。比如，当家里的电视突然没有影像和声音时，爸爸可以让孩子自己去发现问题，看看是电源的问题，还是电视机自身的问题。当孩子找到解决问题的答案时，会充满成就感，而且会产生新的学习动力。

给孩子一点思考的时间

有研究显示，成年人等候的耐心通常不超过两秒钟，这么短的时间孩子根本来不及思考。因此，在孩子提出问题后，父母要恰当地给孩子留出一些时间，耐心等待孩子思考之后给出答案。

在洗浴缸的时候，玛丽用浴缸底部的橡皮活塞挤压地面，发现活塞会和地面粘住，要用力才能把它们拉开。

玛丽困惑地问爸爸："这是怎么回事？"

爸爸说："它们是不是很难分开？"

玛丽答："是的。"

爸爸问："那你觉得，为什么要用力才能把它们分开？"

玛丽想了一下说："因为里面的空气被封住了，我拉开一条缝，它们才能跑出来。"

爸爸没有发表评论，而是耐心地看着她。

玛丽又说："好像不是这样，我记得物理老师讲过，让我再想想。"

过了一会儿，玛丽高兴地说："爸爸，我知道了。那是因为所有的空气都被挤出了活塞，里面的空气压力比外面的大气压力小。"

经过认真思考，孩子的回答往往更合理、更完整。除了和孩子探讨，父母还可以鼓励孩子善用外部资源去寻找答案。比如，提醒孩子到书上去找答案，这样做的好处在于当孩子发现他的许多问题都能在书上找到答案时，就会慢慢地喜欢上阅读。

让孩子加深对问题的理解

如果孩子问的是作业题，为了防止孩子没有弄懂题意，或者审题不清，可以先让孩子把题目大声读一遍。一遍不行，就再读一遍。读题的过程就是思考的过程，一般读两遍，孩子可能就叫着："哦，我会了。"这种自己找到答案获得的乐趣，要远远大于父母直接给出答案的乐趣。

如果上面的招数没有发挥作用，父母可以尝试亲自再念一遍题目，然后和孩子一起分析题意，帮助孩子梳理思路。或者在题目关键的地方加重语气，启发孩子思考问题。每次都坚持这样做，孩子也会慢慢养成再次阅读题目、加深理解的习惯。

启发式提问鼓励孩子寻找答案

当孩子问"彩虹是怎么形成的？"父母可以把孩子的问题反问回去："这个问题很有趣哦，你觉得彩虹是怎样形成的呢？"鼓励孩子思考，并且想办法寻找答案。

菲菲问妈妈："这个照样子写词语的题怎么做？"妈妈并没有急着回答孩子的问题，而是将脑子中思考问题的思路通过启发式的提问说出来："请先观察给出的词语'南辕北辙'中南和北的关系？"菲菲一点就通，而且举一反三，顺利完成了其他的题目。

孩子在启发下自己找到答案，完成作业，会大大增强成就感和自信心，提高学习的自主性。

第八章

停止催促
——培养孩子的自主管理力

毁掉孩子的自主性，一张满满的日程表就够了

一位妈妈给孩子制定的日程表在网上"火"了。每天6：30起床，22：30睡觉，除了在校时间外，剩余时间不是在家上课，就是在课外班上课。就连睡前和上学、放学路上的时间都被利用了起来。比如，睡前，孩子会听半小时英语，出门上学路上也会打开学习软件，到了学校门口才关上。

孩子的时间就像一根环环相扣的链条，完美实现了无缝对接。每天16个小时，每周7天，无休。

在教育的路上，没有父母敢偷懒。为了孩子不落人后，抢占人先，他们费尽心力把孩子的日程表安排得满满当当，连成年人看着都觉得快要窒息了。

父母认定养孩子不能只满足眼前即时的快乐，而是要"逼"孩子练就一身本领。也许孩子的确一路向着父母设定的目标去了，但父母有没有站在孩子的立场想一想，没有自由支配的时间，做的是父母希望做的事而不是孩子喜欢的事，孩子怎么会有自主性，又怎么会感到

快乐呢?

孩子是具有独立人格的人,肯定想拥有自己的时间,做自己想做的事情,而不是完全遵从别人的安排和想法去做事。父母做出的安排更多的是站在自己的角度,而孩子的真实想法也许不是这样的。所以,即便他们按部就班地去做了,也一定缺少内在的热情和动力,甚至会激发出内心的叛逆,变得不合作。一个初二的女孩说:"我知道妈妈很爱我,但爱得我想去死,因为我一点儿自由也没有。"

一张满满的日程表看起来是在把孩子推向全能优秀,实际上毁掉的是孩子的自主性。父母要给孩子的时间留白,给他们自由支配的时间,让他们在自己安排时间的过程中激活内在的创造力。

1999年,德国公共卫生部门推行了一个"无玩具幼儿园"的计划。具体做法是把教室里所有的玩具收起来,只保留桌子、椅子和小毯子。

第一天,孩子们很迷茫,不知道该做什么,他们傻乎乎地互相看着,不知所措。

第二天,孩子们开始自发地用毯子和桌子搭房子玩,把椅子排成一排当火车开。

在接下来的三个月里,研究人员只是少量地为孩子们提供真正的玩具。

结果,孩子们总是能想出办法让有限的玩具发挥最大的娱乐功能,而且乐此不疲,热情高涨。

有心理学家说："如果人们没有闲暇，创造力和想象力都会锐减，儿童更是，无论这些兴趣班是多么注重素质教育。"其实锐减的还不只是创造力，还有创造快乐的能力。

英国一位著名儿童心理学家曾说："父母的作用是帮助孩子做好进入社会的准备。对于一个成年人，知道如何利用让自己感觉快乐的东西来填满空闲时间，是一种重要的能力。"如果父母总是帮助孩子充分利用他们的空闲时间，那么孩子永远不会自主安排时间，不会自主学习，更无法获得自己创造的快乐。

心理学家表示，一个具有健康人格的人是自由的人，而自由主要体现在这个人能够自由、有选择地支配自己的行为。这种自由感不是凭空产生的，其中，很大一部分来自童年时期对自由支配时间的体验。

一天只有24小时，父母要如何给孩子的时间留白呢？

砍掉一些兴趣班

兴趣班，不是报得越多孩子收获就越多。兴趣班太多，孩子时间有限，根本做不到每样都能很好地训练，再加上父母还有工作、家务要忙，精力和时间也会被分散，没办法样样指导。结果，孩子样样都学，但样样不精，这种"打酱油"式的学习，最终会让孩子丧失兴趣和动力。

砍掉一些兴趣班，很多父母都会纠结。孩子好像对每个兴趣班都有点儿兴趣，也没有表现出强烈的反感，再说，现在看起来不擅长的，万一以后擅长呢？但时间有限，广泛撒网不如精耕细作。保留一两个孩子更愿意专注学习的项目，就能省下不少时间，让孩子去自主开发自己内在的兴趣。

允许孩子"无聊"地玩耍

尤其是在节假日，让孩子的行程空一点，哪怕允许他在一个小水坑玩一上午呢。既然给了孩子一个小时的自由时间，就不要再去干涉他做什么。例如约定晚上八点半到九点半是他的自由时间，那么就不要安排他去阅读，或者刷牙、洗脸，提前上床。哪怕他只是无聊地坐着发呆，也随他。实际上很多时候并不是孩子无聊，而是成年人觉得孩子无聊，或者是不想给孩子玩耍的时间。

孩子的成长过程，不需要一直在父母视线之内，由孩子自己开拓出来的自由空间，是他们自我的扩大，也是身心健康发展的需求。所以，给孩子足够的自由支配时间，孩子才能健康成长。

管得越少，孩子的学习主动性越强

我们可能都发现了这样一个怪现象：有些父母看似不怎么关心孩子的学习，孩子的学习热情反而很高，成绩自然也很优秀。而有些父母对孩子的学习事宜插手很多，孩子反而厌学，成绩也不理想。

安安每天放学回家都异常忙碌。他写作业时，父母在旁边看着并时不时地指导："这个题有简便算法，你怎么没写啊？""这个英语单词既可以做名词，也可以做动词，记住了吗？"写完作业后，安安还要做父母买给他的练习册，一直到很晚才能睡觉。

到了周末，安安也闲不下来。父母为他安排了3个课外班，学习数学、电子琴和舞蹈。数学是安安的弱项，爸爸说"不得不补"，妈妈说安安"喜欢"电子琴和舞蹈，报个班好好学，将来小升初，没准儿能加分。

尹建莉说："人的天性都是追求自由的，任何为儿童所热爱的事情，当它变成一项被监督完成的活计，让人感到不自由时，其中的兴趣就会荡然无存。"

辅导孩子的功课是很多父母心中的一件大事，很多父母为了孩子的功课，把自己搞得身心俱疲，叫苦连连。有的父母会说："我的孩子注意力不集中，没人看着就不做作业。"的确，并不是所有的孩子都能自觉地写完作业。

此时，孩子需要的不是监督，而是陪伴。我们可以在孩子写作业的时候，去读一本书，写一点儿东西，安静地做自己的事。监督和管制只会让孩子失去学习兴趣，学习成绩反而越来越差。

在豆瓣上，一位妈妈的做法受到了父母们的广泛好评。

这位妈妈从孩子上学开始，就坚决不肯做孩子的"拐杖"。即使在小学低年级，老师要求父母检查作业、签字时，她也只管签字，决不检查作业。她告诉儿子，妈妈有自己的事情，而你的任务就是学好功课。作业的目的就是复习所学的知识，有了错误不要紧，那就是发现了自己的漏洞呀。只要把不会的、不懂的及时学会就可以了。

在学习奥数之初，孩子有点儿跟不上节奏，听老师讲似乎都会，可自己做题老出错。孩子就对妈妈说："你和我去听课吧，人家的妈妈都去陪孩子。"这位妈妈回答："我可不去。我的数学还不如你呢。要是你听完课愿意给妈妈讲一讲，我倒可以从头学习。"看到没有依靠了，孩子就只能努力靠自己了。

有时看到儿子的习题本上尽是叉号，妈妈就鼓励他：没关系，你的成绩是最真实的。别看有的同学作业全对，可那是父母的功劳。再说，你的作业能让老师了解你的学习情况，也能让你自己了解自己的掌握情况。哪里不会，不懂，就想办法去学会，弄懂。

在妈妈的鼓励下，孩子很快具备了及时发现自己学习问题的能力，也提高了和老师沟通解决问题的能力。

"不管"其实是一件比"管"更难做到的事。很多父母因为害怕孩子输在起跑线上，大脑的弦就整天绷着，精神也高度紧张，关注点一直在孩子身上，寻找孩子身上可能导致他"输"的各种弱点和缺点。

数学家华罗庚说过："自学，就是一种独立学习，独立思考的能力。"自学能力培养最能体现孩子的主体作用。教孩子学习的目的就是让孩子学会自学，那么，父母应该如何培养孩子的自学能力呢？

给孩子自主学习的自由

我们可以引导孩子制订计划，自主安排学习，而不是每天放学回到家就听从安排，什么时候写作业，什么时候玩。绝对支配和被支配的家庭氛围对孩子学习是不利的。

未来社会所需要的人才首先是独立的人，所以我们要大胆放手，鼓励孩子积极地去决定自己的生活和学习，把跟他学习和生活有关的事情交给他自己去选择，逐渐培养孩子独立自主的意识。

相信孩子自己能够学好

每一个孩子都有巨大的潜能。父母的引导和启发能够使孩子自觉主动地学习和创造性地探索，主动地进行自我潜能的开发。想要真正把孩子强烈的求知欲激发出来，我们就要把学习的主动权还给孩子，首先要相信孩子有能力学好，受到父母的这种心理暗示，孩子会生起信心去自主学习。

对孩子的进步及时给予表扬

父母要对孩子的每一点进步都给予鼓励和表扬，使孩子享受到成功感。孩子年龄小，认知能力有限，我们不要对孩子提出过高的要求，以免孩子受到挫败而产生对学习的厌倦和畏惧情绪。我们也不要轻易责怪孩子笨拙，呵斥孩子无能。父母及时的肯定和鼓励对培养孩子的自信心非常重要。

"不管"并不是一味地放任，相反，摒弃一切事无巨细的"管"，有目的、有成效地"管"，才是科学的教育方式。

不用催促，孩子也能自觉完成作业

孩子放学回家，直接从书包里拿出作业本写作业，是很多父母梦寐以求的事。然而事实总是恰恰相反，大多数孩子放学回家就像脱缰的野马，到处闲逛，看看电视，吃吃水果，玩会儿玩具……反正就是不写作业。

"快点，先把作业做完！"孩子放学刚进家门，妈妈就命令道。

"妈妈，我想先玩一会再做作业。"孩子试着与妈妈协商。

"不行！放学后必须先完成作业，这是咱家规定。"妈妈斩钉截铁地回绝。

"我就玩一会儿。"孩子做最后的请求。

"不行！每次你都玩得没完没了，作业总是拖到睡觉前也完不成。"妈妈一想起家庭作业的头疼往事，就变得耐心全无。

孩子嗅到了妈妈的怒火的味道，不敢说话，只好拖着疲惫的身体把自己关进书房，一屁股坐在书桌前，久久未把书包打开，双手架着脑袋开始幻想："该死的作业什么时候才不会有？！"

"还不做作业？你还要拖到什么时候？我就知道你在发呆！"妈妈切了一盘水果送进来，也借这个机会督查孩子的作业。

"你越早完成，就有越多时间玩，想玩什么就玩什么。"看到孩子不愿动笔，妈妈又补充了一句。听到这里，孩子才开始飞快涂鸦。他毫不关心正确率，早点完成该死的作业才是重点。

有多少父母，因为催娃写作业，气出内伤。催一遍，置若罔闻；催两遍，答应一声，仍然自顾自地玩；第三遍忍不住发火，慢吞吞掏出课本……然后开始上演各种渴了、饿了、要上厕所等戏码。

父母"催尽"了心力，可是孩子却越催越不写。原因何在？当我们一直催孩子写作业时，孩子的大脑接收到的信息其实是：被命令、被控制。然后，大脑首先输出的信息就是"拒绝"，而不是"行动"。所以说，当我们催促孩子写作业时，他已经本能地在抵抗了。这也是很多孩子写起作业来特别被动，完全没有主动参与的意识的原因。

著名教育家尹建莉从不管教孩子，从不会对她的女儿圆圆说："到点了，该去写作业了。"她觉得这样的管教方法是不尊重孩子的典型表现，对孩子指导或干涉太多，孩子的正常成长秩序会被打乱，反而不利于好习惯的形成。

尹建莉的女儿圆圆在上一年级时，像任何一个孩子一样，也会因为贪玩而常常忘写作业。一开始，尹建莉也时常提醒圆圆要去做作业，但很快圆圆只顾着玩就又忘记了。于是尹建莉就和丈夫商量好，不再管圆圆写作业的事，要培养她自己写作业的责任意识。

有一天，圆圆放学回家先看动画片，饭后玩了会儿玩具，然后又看书，等躺到床上了才想起没有做作业。尹建莉虽然心里着急，但并没有责骂孩子，而是心平气和地对圆圆说："你愿意今天写，就晚睡一会儿；要是想明天早上写，妈妈就提前一小时过来叫你；如果早上也不想写，明天就去学校和老师说一下今天的作业忘了写了，这一次就不写了。"

出于对作业的责任意识，还有对老师批评的惧怕，圆圆决定立刻写，晚睡一会儿。

在孩子写作业这件事上，父母首先要明确自己和孩子的界限，分清楚拖延是谁的事。判断的标准很简单，就是看这件事的后果由谁承担。谁承担，就是谁的事。显然，写作业这事是孩子自己的事。可是，父母催来催去，变得比孩子还着急，好像写作业成了父母的事。把本该由孩子自己负责的事情揽到自己身上，这其实是一种界限不清的表现。很多教育问题都起源于界限不清。

一位妈妈在知乎上分享自己的经验时说道："每次我忍不住想催孩子写作业的时候，就会提醒自己：写作业这件事，是我的事还是孩子的事？如果是孩子的事，他不着急，我为啥要比他还着急？这么一想，心态就缓和很多，不容易急躁了。"

有的父母可能会说："如果不去催促孩子，孩子完不成作业，老师会不会认为是父母的责任？"可能会，但老师更愿意在学校里和孩子自己沟通这件事。因为没完成作业，而被老师批评，孩子自然就会反思和想办法，主动调整做作业的时间和效率。这时候，父母可以提供一些建议，比如如何安排写作业的时间，如何提高写作业的效率等，但仅限于建议，最后做决定的仍然是孩子。

另外，父母也应尽量避免额外给孩子多加任务。因为孩子一旦知道自己做完作业后还有一大堆额外的学习任务等着自己，他就会失去快速完成作业的动力，变得磨磨蹭蹭，反正只要不完成作业，额外作业就不用做了。

总之，关于写作业的事，父母一定不要本末倒置，忽略了孩子是写作业的主体。尽量不去干扰，不去干涉，让孩子知道作业是自己的事。

停止用唠叨督促孩子做事

自从有了娃，妈妈总是对孩子不断地叮嘱，不断地提醒，不断地督促。真恨不得把嘴巴都长在孩子身上，一遍一遍地督促孩子学习，听得孩子耳朵都"磨"出了老茧，使孩子的身心被折磨得烦躁不安。

有孩子说："我妈真的烦死了，一天到晚唠唠叨叨，没完没了。放学我都不想回家。"另一个孩子说："我也是，上次我考了99分，我妈还埋怨我没考满分，唠叨我一整天！我当时真想昏过去，我真是受够了。"

唠叨一般分为重复性唠叨、批评性唠叨、关心式唠叨和随意性唠叨四种。

重复性唠叨：有心理学研究证明，老调重弹，反反复复说同样的话，会让人产生一种习惯性的模糊听觉，也就是明明在听，却根本不往心里去。这是长期重复听同样的声音而产生的一种心理上的不在乎。同时孩子会对父母的唠叨产生依赖感，慢慢地，父母不唠叨，孩子的事情就做不好。

批评性唠叨：容易加重孩子的心理负担，让孩子对自己越来越缺乏信心，甚至产生强烈的逆反心理。

关心式唠叨：当孩子表现出烦的时候，父母也很委屈。"我明明是在关心你啊！""我还不是为你好？换作别人，我还懒得多说一句呢！"比如，一个13岁的孩子在妈妈反复叮咛她穿衣服后，忍不住火了："在你眼里，我是不是连穿多少衣服都不知道？我是有多蠢！"其实，父母没有意识到这种关心式的唠叨完全是因为担心孩子做不好，是打心底不信任孩子，认为没有自己的提醒，孩子就做不好或者做不到。这对被唠叨的人来说，是一种心理负担，意味着你不尊重我，不信任我。

随意性唠叨：容易让孩子养成注意力不集中的习惯，孩子对需要记住的重要事情也常常当成耳旁风。

正所谓"杯满则溢"，你说得越多，孩子越烦，越不想做，最后失去了做事的积极性和主动性。

此外，父母在唠叨的时候，只是在单方面输出自己的情绪和看法，根本不是想要好好沟通的模式。一旦孩子想要表达自己的看法，就会被压制回去。久而久之，孩子干脆就沉默不再说了，但负面情绪都被积压在心里，终究有一天会大爆发。

孩子需要的是父母的指导，而不是父母的唠叨。而指导与唠叨也是有区别的：

1. 指导是亲切的，是言简意赅的；唠叨则往往会有责怪、警告的成分。

2. 指导是一种促进，是鼓励孩子独立处理问题；而唠叨表现出的是对孩子的不尊重和不信任。

3. 指导的后果是孩子情绪稳定，心情愉快；而唠叨则是反复的单调刺激，使孩子厌倦、反感、苦闷。

一个人唠叨，首先是自己不相信自己，对自己讲出去的话，做了的事，由于不放心才会一次又一次地重复。再就是个性软弱和紧张型的人特别容易唠叨。那么作为父母，应该如何避免对孩子唠叨呢？

不要信口开河

比如，规定孩子做好作业再开饭，但有的父母话虽讲出去了，可心里又怕孩子肚子饿，就没事找事地说："你饿不饿？""快做快做，饭都凉了。你还想不想吃饭？"诸如此类自相矛盾的话，反映了自己感情上的摇摆，说话不算数，没有威望。克服唠叨，在对孩子讲话前首先要经过一番理智过滤，不能信口开河。

不要强行命令

多和孩子讲悄悄话，家庭语言的低声调是亲子关系和谐的一个重要因素，也有利于避免气氛恶化。如果让孩子做什么事，可以用亲切的语言在他的身边轻轻地告诉他，尤其对幼小的孩子，这既是命令，又是感情上的信任，轻轻的一句话比你大声呵斥的作用大得多。

不要事事叮嘱

父母对孩子讲的话虽然多，但许多都没有讲到点子上。事无巨细地反复强调叮嘱，搞得家庭上下不得安宁，大人为孩子不听话而气愤，孩子在繁杂的语言环境里定不下心来做功课。所以，做父母的不要老是怪孩子不听话，也应该静下心来想想，自己是否真的太唠叨。

　　父母应该做的是，围绕家中大事、要事与孩子做出明确分工，提出具体要求，让他们独立活动。而且坚持定期检查，及时表扬成绩，纠正不足。一些小事，可以做到忽略不计，因为孩子毕竟还小，过多指责会使孩子无所适从。总之，要学会长话短说，不必要的话不说。记住，当没有了外界的干涉，孩子的自主性就建立起来了。

让孩子按照自己的节奏，慢慢来

"快点！快点！你给我快点！来不及啦！"这几乎成了爸爸妈妈们的口头禅，吃饭慢了，要催；穿衣慢了，要催；写作业慢了，要催；很晚了还不睡，要催。越来越多的父母加入了急躁大军，恨不得揪着孩子的衣领狂奔。

当父母不断催促"快快快"的时候，其实是在以成年人的节奏来衡量孩子的节奏。儿科医生已经发现，孩子有自己的生理节律。比如，4岁的孩子，虽然能够描述出在幼儿园里做了些什么，但并不能具体说出在什么时间干了什么事，直到5岁，孩子才能做到这一点。

孩子感觉最舒服的节奏就是顺应自身的生理节奏，如果逼迫孩子节奏放快，会影响孩子身体的激素分泌，不利于身心的健康成长。

有些父母可能会说："这有什么办法啊，现在的社会节奏那么快，我不催孩子，他的事情就做不完啊！我哪有那么多时间陪他瞎耗！"过于频繁的催促，说到底，还是因为爸爸妈妈很焦虑，他们习惯了社会的快节奏，以至于他们在家里也保持着这种节奏，甚至想让孩子跟上他们的节奏。

然而经常这样催促孩子，就是把焦虑转嫁到孩子身上，可能会导致孩子质疑自己的能力，认为是自己出了问题，他们要么逐渐认同父母而变成一个同样焦虑的人，要么做事时继续拖拖拉拉，并且会以这种被动拖沓的方式，反抗父母的催促。结果是你越催孩子越慢，不催，孩子反而能快点。

早晨，蒙蒙妈妈看着蒙蒙磨磨蹭蹭地收拾，心想今天肯定要迟到，但是她打算挑战自己一回，看看这次不催到底会怎么样。

蒙蒙妈妈的内心虽然无比焦急、不安、气愤，但是她不断安慰自己："迟到就迟到，迟到也没什么可怕的，该我做的我都已经做了，反正老师批评他，又不会批评我。"

这天，蒙蒙果然迟到了。

第二天早上，妈妈依然忍着什么也不说，蒙蒙因为怕迟到，明显加快了吃饭的速度。快到学校的时候，有点儿堵车，为了赶时间，他干脆下车跑着去学校了。

其实孩子有时候就是这样，他也明白晚了就会迟到，他也不想迟到，可当你在不断焦急地催促时，他们反而不着急了，因为他们的注意力被你转移了，此时"迟到"反而不是最重要的事情，你妄图"控制"他们，他们对"自由"的争取在他们心里才是最重要的。于是，你越催，他们越慢，因为他们要"抗争"。

当父母不再因孩子迟到而焦虑，不再催促孩子，淡定下来时，"迟到"就成了孩子此时心中最重要的一件事，他们就会自己着急，自己学着承担，自己学着负责。

有些父母会担心，如果不去催孩子，他们会不会把事情搞得一团糟？可能会，但不会一直都这样！谁都讨厌麻烦和问题，当拖延出了问题，孩子自己也会反思和想办法，然后根据自己的节奏去调整这些事情。

蒙台梭利说，孩子具有一种内在敏感性，这种内在敏感性使孩子天然会吮吸，使孩子在饿了的时候哇哇大哭，在该学语言的时候学会说话，在特定的时期对某种东西格外感兴趣而对其他东西漠不关心。

如果外界环境阻碍了孩子的这种内在敏感性，那孩子的心理就会失调，这种失调会伴随孩子的一生。"慢"就是一种内在敏感性被打乱以后的失调的表现。作为父母，一定不能急，要让自己先慢下来，然后再去引导孩子快一点。

用闹钟或沙漏来提醒孩子

小孩子是没有时间观念的，他不知道5分钟有多长，也不知道珍惜时间的好处。父母可以利用闹钟或者沙漏来培养孩子的时间观念。

父母可以先教孩子看闹钟。告知孩子，闹钟的分针从12走到3是15分钟，他要在这段时间内完成作业。或者买一个很漂亮的沙漏，就放在洗漱的台子上，告诉孩子这个沙全部漏下去就是3分钟，要在这个时间内刷完牙。

当你着急时，替换另一半陪伴孩子

你在陪伴孩子写作业的时候，会忍不住想要催孩子，你不能接纳孩子的某些状态、习惯。比如有的孩子在做作业的时候累了，他就要反复去喝水，上卫生间；有的孩子习惯咬铅笔头；甚至有的低年级孩子还会不断地将橡皮推到地上捡起来再推到地上。类似这样的拖拉行为，当你不能接纳的时候，就会生气、着急。这个时候你的方法是，和你的爱人协商好，当你有情绪的时候，让另一方过来替换，互相协助，陪伴孩子写作业。

我们不妨试着将自己的节奏放慢一下，等等孩子，你会发现孩子并不会因为此时的磨蹭而成长为不负责任又拖拉的人。反之，你的宽容，会给他更多思考的空间，让他在每次失败的教训中学会安排自己的时间。

利用"禁果效应"，调动孩子的积极性

"禁果"一词来源于《圣经》中的一个故事，上帝对亚当和夏娃说，这个园子里的果实可以随意吃，除了智慧树上的果子。夏娃和亚当的好奇心被激发出来，后来在蛇的唆使下，他们去偷吃了禁果。上帝知道后，就把他们逐出了伊甸园。

这种由禁止引起的逆反心理就叫作"禁果效应"，意思是越是禁止的事情，人们越要去尝试。生活中，越是单方面的禁止，越是容易引发个体的叛逆心理。

你是不是也有这样的体会：你正在打电话，孩子在一旁大声吵闹，你要求他闭嘴，孩子却越吵越大声；你正在厨房里忙着做饭，孩子把菜弄得到处都是，你一次次制止孩子，孩子却一次次故伎重演。你越是在孩子的世界里费力去做一个控制者，禁止孩子做这做那，孩子就越想要做。

心理学家做过这样的试验，把茶杯倒扣在桌子上，孩子对此往往不感兴趣。但是当试验者将茶杯倒扣，同时叮嘱孩子不要动这些杯子时，孩子反而忍不住把杯子打开来看一看。

对于孩子来说，越是禁止的事情，他们想要尝试的欲望就越强烈。所以我们可以看到，当父母禁止孩子做某些事的时候，他们反而会被好奇心和逆反心理驱使，冒险也要去做这些事情。

越禁止越要做，恰恰说明了他们本身所具有的强烈好奇心及求知欲。美国著名人类潜能开发专家、教授葛兰·道门曾说："如果没有好奇心及纯粹的求知欲为动力，那么就不可能产生那些对人类和社会具有巨大价值的发明创造。""禁果效应"并不总是消极的，父母可以巧妙地利用它，去激发孩子的好奇心。

苏轼和苏辙才华横溢，名列"唐宋八大家"之中，但在小时候，他们也并不喜欢读书。为了让他们爱上读书，他们的父亲苏洵想出了一个办法。

每次在苏轼和苏辙玩耍的时候，苏洵就会躲在一边看书，只要他俩一靠近，他就把书藏起来。他的举动，让俩孩子对书里的内容产生了好奇心，但父亲当时并不给他们讲解。没办法，俩孩子只好在父亲离开的时候，偷偷把书拿出来看。

久而久之，苏轼和苏辙渐渐收获了读书的乐趣，爱上了看书。

父母如果想让孩子做某事，或者培养某个好习惯，爱上某个才艺，就可以巧妙地利用"禁果效应"来激发孩子的好奇心理，可能会取得意想不到的效果。

一个孩子不喜欢阅读英语读物，爸爸订购了一套英语儿童读物。他规定孩子每天阅读的时间有限，禁止孩子超过设定时间，不许多看。之后，孩子对英语的学习兴趣明显见涨。

一个孩子不喜欢吃水果，妈妈把切好的水果盘用盖子盖起来，放在厨房的角落里，并且告诉孩子不可以吃。然后，她发现，孩子隔一会儿就溜到厨房偷偷吃几块，再把盖子盖好。

对于一个好奇心强的孩子而言，有时采用"禁止法"去引导他做正确的事，反倒不失为一种好方法。但同时，父母也要注意防止用"不行""不准"这样的禁止词去强化孩子的不良行为。

很多时候，父母喜欢对孩子使用命令式的语言：不许玩游戏，不许染头发，不许玩手机，不许吃零食……但是，越是禁止，这些事情在孩子的眼中就愈加有吸引力，诱惑着他们去违反禁令。一旦脱离了父母的掌控，孩子就容易沉迷其中，彻底失控。

要避免"禁果效应"的负面影响，最有效的法宝就是减少"禁止"，那么具体该怎么做呢？

有条件地允许

很多时候，父母不允许孩子做这个做那个，并不是这些事孩子们真的不能做，比如，北风呼啸，雪花飞舞，你对孩子说"不许出去，外面太冷了"，不如改为"如果你想出去，可以穿上羽绒服，戴上帽子、手套"。再如，怕滑轮滑摔伤孩子，可以教孩子戴上护膝、头盔等保护好自己。很多事情，不要禁止做，可以有条件地允许做。

寻找"替代方案"

如果加上条件也不能做，那就寻找替代方案。比如，对宠物毛发过敏的孩子非要养一只狗，这当然不能同意，那也不要忙着说禁止。父母可以冷静下来，心平气和地蹲下来和孩子共同商量，找到可以替代养狗的选择，例如装上电池会叫会走的玩具狗，或者可爱的毛绒玩具狗等。

直接陈述禁止的原因

孩子并不是不懂事，也并不总是胡搅蛮缠，如果不能允许孩子做某事，不妨直接告诉他原因。比如，新冠疫情期间，不能出门，大人都在家憋得受不了，更何况活泼好动的孩子？对此，与其粗暴禁止，不如把不能出门的原因讲给孩子听，让他认识到情况的严峻性，主动理解并接受你的拒绝。

正确认识"禁果效应"，并且积极利用它，能帮助孩子朝着更好的方向发展。

目标激励法，让孩子从被监督到"自念紧箍咒"

相关研究早已表明，孩子能够从制定目标的过程中获取自律意识，养成好习惯。父母应当在孩子年龄很小的时候就教会孩子如何制定目标、"征服"目标。这样一来，孩子的自尊心会得到极大的满足，从而有更大的主动性去努力。

知名教育家苏霍姆林斯基曾说："成功的欢乐是一种巨大的情绪力量，它可以促进儿童好好学习的愿望。请父母注意无论如何不要使这种内在的力量消失，缺少这种力量，教育上的任何巧妙措施都是无济于事的。"可见，达成目标后所产生的成就感是一种强大的精神动力。如果给孩子设定适合的学习目标，孩子就会自觉地从电脑屏幕前抽开身，去完成自己的学习计划。

目标必须与孩子的年龄、经验、能力水平相适应，既不能定得太低，也不能定得太高。

小胜的数学测验考了75分，他给自己制定的目标是95分。因为他觉得自己错的基本都是计算题，如果自己足够认真，计算能得满分，他能考到95分。

为了能够帮他达到自己的目标，妈妈建议他把目标定在90分。她觉得虽然错的都是计算题，但也不全是马虎，有的也是不熟练，或者审题不清导致的。

妈妈还建议他每天做三道计算题训练自己，养成做完检查的好习惯。果然，下一次测验，他拿到了91分。

让孩子跳一跳能够得到的目标才是合理的目标，如果目标定得太高孩子连续几次都达不到，那他就会失去信心，目标激励作用就会失效。好的目标要能保证孩子在短期内经过努力就可以实现，如此才能激励孩子不断进取。当孩子完成了一个目标后，成功的喜悦会增强孩子的进取心，激起他对下一个目标的热忱，从而养成不断进取，持之以恒的习惯。

除了设定合理的目标，父母还可以从以下两个方面对孩子进行目标激励。

拆分目标

设定目标很容易，但要坚持却很难。如果目标太大或太高，就很难完成。父母要帮孩子把目标拆分，落实到每月、每周、每天，甚至具体的时间点。

刘琦的梦想是当一名外交官，他给自己定下的人生目标是精通英语、法语、日语。爸爸建议他一步步攻克语言关，先攻英语，计划在四年级考过KET，五年级考过PET。刘琦将每天需要学习的听力和读写内容都量化下来，精确到每天。他对实现梦想很有信心。

目标越详细，可操作性越强，实现的概率也就越大。在平时，父母也可以以身示范，潜移默化地影响孩子。比如有一个妈妈曾与孩子讨论起自己的减肥计划，她先告诉孩子说她想在3个月内减重10斤，然后向孩子展示了一份计划书，每日的饮食和运动规划得清清楚楚。同时，她邀请孩子做自己的"监督人"。3个月后，这位妈妈果然完成了目标，孩子也深受震动。

教孩子"分解目标、化整为零"的技巧，父母可以先让孩子从一个容易实现的短期目标开始。比如孩子5天后要参加一个关于"爱护环境"的演讲比赛，父母可以用提问的方式引导孩子："五天后是正式演讲，那么第四天，必须能熟练掌握演讲内容，是不是？""第三天要背诵演讲稿，对不对？""第二天，需要写演讲稿对不？""今天写演讲稿之前应该做什么呢？"孩子多半会明白，自己现在需要去寻找和整理演讲稿的材料。

拆分目标是为了让孩子体会到成就感，每个小小的成就感汇聚起来就是巨大的动力，促使孩子继续向着大目标前进。

支持和肯定

在孩子向目标冲刺的过程中，父母不要忘了提供必要的支持和肯定。

支持：向孩子列举他拥有的资源。比如，孩子可以向哪些人寻求帮助；爸爸妈妈能够给他创造哪些条件；孩子自身拥有的先天条件等。

肯定：及时记录孩子的计划进度。我们可以买来闪亮的贴纸，然后将贴纸贴在冰箱、墙上等显眼的地方，以此来记录孩子的进度。孩子若有手机，鼓励他将自己的计划表拍下来，设置为手机屏保，时刻提醒自己。孩子若是成功攻下了一整张计划表，全家人不妨聚在一起庆祝一番。比如拍照留念或者带孩子出去吃一顿大餐等。

有一位爸爸是这样做的，他买来鲜艳的气球，挂在客厅里，孩子一旦实现了一个小目标，就可以戳破一个气球。这时候，藏在气球里的特殊小卡片就会飘落下来，孩子拾起一看，不由开心地欢呼起来。原来这张卡片是"兑奖券"，孩子可以用它来兑一份小礼物。

我们得让孩子明白"不积跬步，无以至千里"的道理，万里行程，得靠着一步步行走才能实现。将大的梦想分解成具体的步骤，做好每一件小事，才能迎来胜利的曙光。

第九章

舍得放手
——培养孩子的自主生存力

有意识地让孩子吃点儿苦，锻炼生存力

"望子成龙"之心人人皆有，但空怀一副慈爱心肠并不能使孩子健康成长，许多父母教育的失败就在于不"忍心"。教育孩子要"忍心"，这样孩子们才能自立成才。南京师范大学郦波教授说："真正的教育，是再富也要苦孩子。"真正有远见的父亲，舍得让孩子吃点儿苦，让他们亲自去体验一下生活的"不容易"。

身价百亿的富豪霍启刚和妻子郭晶晶带儿子霍中曦到农田里体验插秧。他在微博晒出一组一家人戴着草帽，挽着裤腿，站在满是污泥的稻田里插秧的照片，并配文说："刚刚过了一个非常有意思的周末，跟老婆孩子一起去香港二澳，体验插秧，领悟农民伯伯的辛苦。现在孩子们成长在幸福的时代，没有饿过肚子，挑食和浪费成了习惯，他们需要知道食物从哪儿来，学会珍惜，学会知足。"干完农活后，一家人还一起享受了简单的农家菜。

闻名世界的大诗人于戈亦说："你什么都可以给孩子，唯独生活的经历，喜怒哀乐，成功挫折，你无法给孩子。经历不到这些，他就没有对生活的获得感。"父母爱孩子是天性，但如果爱得太紧张，舍不得让孩子吃苦，无论是物质上的苦还是精神上的苦，哪怕一点磕碰一点委屈都不忍让孩子尝，不仅不益于孩子身心的健康成长，还会使孩子养成过于依赖父母，只想坐享其成，衣来伸手、饭来张口的坏习惯，进而影响他未来的生存力。

"股神"巴菲特曾在一次专访中说过："我准备让自己的子女先到别家公司里工作，让他们在那里锻炼锻炼，吃吃苦头。我不想让儿子一开始就和自己在一起，因为我担心儿子会总是依赖我，并指望我的帮助。"

有远见的父母明白"人无远虑，必有近忧"的道理。因此，必须让孩子从小学会吃苦，习惯吃苦，因为这样才可以让孩子在今后面对更大的苦难时，能够弱化苦难的冲击，也让孩子更有底气去面对。

在一期《少年说》中，一位刚上初一的女孩登上高台后第一句话喊给了她的爸爸："你真的太狠心了！"主持人和同学们一脸不解。原来在这个女孩刚升到初一的暑假里，她的爸爸给她制定了为期三个月的军事化训练：每天五点半起床，进行跑步、跳绳、投球等各种体育运动，负责家中的一日三餐，其间必须完成一定的课业量，还要进行考核……

女孩说完，台下的同学纷纷向她的爸爸投去异样的目光。可这位父亲只问了女儿几个问题，父亲问女儿新学期已经开始一段时间了，学习苦不苦，女儿回答"不苦"，又问她累不累，女儿回答"不累"，父亲又问快乐不快乐，女儿回答"快乐"。回答了这些问题后，女孩潸然泪下，仿佛明白了什么。

这位爸爸说："看似是简单的军训，却是对人生更好的磨砺。你能坚持三个月，就能坚持初中三年，人生的三十年。"

美国教育家芭贝拉·罗斯说："父母必须让孩子知道，在成长的道路上，不可能是一帆风顺的。成功往往是与艰难困苦、坎坷挫折相伴而来的。"父母总想把最好的或者更好的留给孩子，但我们能留给孩子的礼物绝不是金钱、房子或车，而是应对一切困境的能力，是面对苦难的心态，是当我们离开这个世界时，他们拥有的能够抵挡风浪、披荆斩棘、在这个世界砥砺前行的能力。

父母对孩子的爱也有大小、阔狭之分。那种唯恐对孩子管得不细、捆得不牢的爱是渺小、狭隘的爱；而主动让孩子多吃苦、多历练，养成健全人格和独立生存能力的爱，才是宏大、广阔的爱。有远见的父母都舍得和懂得让孩子吃苦。

吃苦教育从小开始

一些父母认为，孩子还小，没必要对他们进行这方面的教育，等大了，孩子自然会知道什么是苦。有专家指出，有意识地培养孩子的动手能力和年龄的大小没有必然联系，相反，如果能在孩子小的时候给他们灌输不怕苦的思想，会对他们以后的成长产生积极的影响。

把吃苦融入日常生活中去

吃苦教育，不是一本正经地对孩子说："今天，我就要让你尝尝吃苦的味道。"这种吃苦教育是没有意义的。正确的做法是把吃苦教育融入日常生活中，在孩子不知情的情况下进行。譬如，无论在生活上还是学习上，给孩子安排一定的自理任务，孩子能做的，父母绝不要包办代替。

吃苦不等于受虐

让孩子吃苦，但不是让孩子受虐。一些父母知道了吃苦的好处，就逼着孩子去参加一些吃苦的夏令营等项目，而不管孩子是否乐意。父母的逼迫，会让孩子意识到吃苦是父母给自己的一种惩罚，心里会强化这种负意识。孩子的忍耐力因此降到最低，这等于还没出征就失败了。

吃苦教育，"虎妈""狼爸""鹰爸"的方式不足学。父母需先估量孩子吃苦之力而后才行吃苦之教，需尊重孩子意愿而不搞强迫命令。

让孩子经历挫折失败，培养孩子未来面对风雨的能力

在坑坑洼洼的人生路上，抗挫折力就是生存力。如果把孩子养在温室，不让他们经历一点风雨，那未来他们就无法抵抗严寒。

从一个人成长的一般规律来看，逆境、挫折更容易磨炼一个人的意志，顺境可以出人才，逆境同样可以出人才。但在逆境中锻炼，千锤百炼成长起来的人更具有生存力和竞争力。

有一个犹太女孩，小时候的梦想就是成为一名出色的滑雪运动员。然而，她不幸患上了骨癌，为了保住性命，她锯掉了右腿，但女孩并没有因此放弃自己的滑雪梦想。

为了实现梦想，她带着残疾的身躯练习滑雪。每次摔倒时，她就会在父母的鼓励下站起来继续练习。凭借坚强的意志力和追逐梦想的信念，她一次次战胜困难，最后走进了残奥会赛场。

挪威非凡的数学家阿贝尔常教育学生说："坚持，先生，要坚

持。你所遇到的困难会在你前进的途中自行解决。前进，你就可以看到光明，它将照亮你前进的道路。"

戴尔·卡耐基曾经说过："从失败中培养成功。障碍与失败，是通往成功的两块最牢靠的踏脚石。若肯研究它们，利用它们，便没有别的因素更能对一个人发挥作用。"挫折可以培养孩子的心理承受能力和意志力。如今，挫折教育越来越流行，但很多父母又走进了一个误区，盲目地给孩子设置困难，让孩子尝试失败，却忽略了这些挫折教育是否适合孩子。

合适的挫折才有用

对于年纪小一点的孩子来说，挫折可能是父母不允许自己独立吃饭，或者不允许自己玩耍，甚至摔一跤，等等，这些都可以为孩子带来挫折感。面对挫折，年幼的孩子通常以哭闹或发脾气的方式来表达情绪。此时，父母应该及时安抚孩子，让孩子停止这些消极的行为。

而对于已经上学的孩子来说，他们面对的挫折就不一样了。他们的挫折可能来源于考试成绩不理想、老师没有表扬自己、得不到同伴的理解……这时期的孩子在面对挫折时的表现也不一样，他们会表现出沮丧、失落、忧郁等不良情绪。这时就需要父母及时发现并帮助孩子摆脱这些因遭受挫折所带来的不良情绪，否则会引发孩子的一些心理问题。

所以，父母要根据孩子的年龄段，设置具有一定难度的挫折，既能让孩子产生挑战欲，又不能难度太高，无法克服。同时，每次设置的难题也不宜太多，以免孩子产生畏难情绪。

"3C"原则帮孩子调整心态

孩子遇到挫折，难免产生一些消极反应，比如垂头丧气或唉声叹气，如果父母还当面责骂、呵斥孩子，那么只会使孩子更沮丧，抵抗挫折的能力也会变弱。这种情况下，父母应该帮助孩子调整心理状态，度过情绪困境。美国儿童心理学家曾经教给父母们一个叫作"3C"的办法，用以帮助孩子们度过困境。

"3C"指的是Control（调整）、Challenge（挑战）和Commitment（承诺）。

Control（调整），指一种心理上和情绪上的调整，这是为了告诉孩子"困难并不等于绝境"；而Challenge（挑战），指的是给孩子一种心理上的挑战，让他们学会在不开心的事情中看到快乐的一面；Commitment（承诺）指的是用"承诺"的方式帮助孩子看到生活中更为广大的目的和意义。

通过调整、挑战和承诺这三个步骤，相信孩子的不良情绪会减少很多。事实上，只要父母对孩子的努力和行为做出了正确的评价，那么鼓励孩子克服困难和挫折也就变得比较容易，这样孩子就能够正确评价自己的行为和结果之间的关系了。

在孩子退缩时鼓励

当孩子遇到挫折并准备退缩时，父母要及时肯定孩子取得的成绩，从而强化孩子的自信心。"你行的""干得很好""你真勇敢""好样的"等这些话都能激发孩子更强的斗志，激励他们努力去克服困难。当孩子一次次战胜困难时，便增添了勇气，激起了战胜困难的信心。这样，孩子才能在挫折中锻炼出坚强的性格。

　　孩子早晚都会走入社会，独自面对生活的风风雨雨。如果孩子没有很好的心态去面对挫折，长大后就会因为不适应激烈的竞争和复杂多变的社会而饱受痛苦。面对挫折是每个孩子的必修课，父母要从小培养孩子的抗挫折能力。

教孩子正确的理财观，"财商"决定生存力

罗伯特·清崎和莎伦·莱希特在《富爸爸穷爸爸》中写道：如果你不能让孩子对金钱有足够的认识，以后或许会有人替代你来教育他。会是些什么人呢？也许是骗子，也许是奸诈的商人，也许是债主，也许是警方，也许是生活本身。

很多"富"爸爸，虽然见多识广，财源不断，但却没有培养孩子正确的金钱观。所以才有那么多的"富二代"，混迹各种娱乐场所，活跃于各种奢靡活动，挥金如土。一旦父亲倒下，他们多半只会在最短的时间内败光家产，跌入贫瘠，没有丝毫生存力。父母给孩子的理财教育，将决定孩子未来跻身哪个阶层。

被称为"百万富翁教父"和"金钱教练"的罗伯特·清崎，在著作《富爸爸穷爸爸》中写了两个爸爸：一个是拥有博士头衔，曾任职夏威夷州教育厅厅长的罗伯特·清崎的亲生父亲，被称为"穷爸爸"；另外一位是罗伯特·清崎的好朋友的爸爸，一位只有初中学历

的商人，被称作"富爸爸"。

罗伯特·清崎从小就在接受这两位对金钱拥有不同看法的"爸爸"的教育。

罗伯特的亲生父亲常教育他，贪婪的人会变成魔鬼，所以一定要节俭。当罗伯特遇到喜欢的东西，父亲就以东西太贵为由，拒绝他的请求。

可富爸爸却告诉他，贫穷才会让人变成魔鬼，因为贫穷会让一个原本善良的人趋向邪恶。而钱财却能帮助很多人，把恶根除掉。富爸爸还教育他，遇到喜欢的东西时，应该想的是要怎么样才能买得起它。

理财中，省钱是很重要的方法，但不要教育孩子，节俭就是在理财，其实这已经扭曲了理财的内涵。真正的富爸爸不是给孩子留下多少遗产，而是懂得培养孩子积极的财富意识。

李嘉诚送儿子李泽钜和李泽楷去国外读书，在校期间，他不仅很少给他们零花钱，还鼓励他们勤工俭学，自己挣零花钱。所以李泽钜和李泽楷在很小的时候就开始做杂工、侍应生。

李泽楷每个星期日都到高尔夫球场做球童，看着小小的儿子背着大大的皮袋跑来跑去，李嘉诚甚是开心。而当李泽楷告诉他，自己把挣来的钱拿去资助有困难的孩子时，他更是笑逐颜开。他开心地对妻子庄月明说："月明，好！孩子像这样发展下去，将来准有出息。"

如果孩子没有正确的金钱观，不懂得金钱是通过艰辛的付出得来的，他们会觉得父母给自己钱花是天经地义的事情，以至于该出去工作的时候仍然在家啃老。

学校德智体美劳的课程都有，却少了一门关于财商的生存课。继智商、情商之后，财商被广泛认为是现代人立足社会必备的基本能力。别再肤浅地认为跟孩子谈钱是世俗的做法，尽早对孩子进行财商教育，培养孩子正确的金钱观是所有父母应该达成的共识。那么，父母该如何培养孩子的财商呢？

让孩子管理零花钱

当孩子手头有钱需要管理时，父母可以教孩子记账。让他明白记账是有计划花钱的有效方式，这样孩子就会通过记账慢慢改变花钱大手大脚的习惯，学会精打细算、规划消费。

引导孩子学会储蓄

让孩子把省下的钱存进银行，告诉他们储蓄可以得到利息，这可以激发孩子储蓄的愿望。当他们看到自己的存折上有一条条存钱记录时，会有一种成就感。

和孩子探讨理财技巧

茶余饭后，检查一下孩子的账本，指出其中花得不合理的款项，指导孩子不断改进。多和孩子探讨理财知识，并询问孩子理财感想。这样能及时了解孩子的理财心理，便于指导和教育。

让孩子打零工

假期中，可以让孩子去打零工。在国外的精英家庭，父母总是鼓励孩子在假期去参加一些学校组织的兼职活动！当孩子养成了用劳动去获取金钱的习惯，他们自己也会主动寻找赚钱的机会。

在美国，兄弟俩敲开邻居家的门问："先生，你门口有很多积雪，给我50块，我们帮你清理干净怎么样？"得到应允并完成清扫工作后，他们又去敲其他邻居的门，他们因此赚了不少零花钱。国外这种从小培养孩子生存能力的教育，还是很值得我们参考的！

而且当孩子通过辛苦劳动挣来零花钱时，他们就知道挣钱不容易了，也会明白要想有钱，就应该诚实劳动。这样他们就不会把赚来的辛苦钱轻易花掉，而是会想着怎样才能花更长时间，或把钱花在最有用的地方，自然而然就会使他们产生理财意识和想要学习理财知识的愿望。

俗话说："授之以鱼，不如授之以渔。"只给孩子鱼，而不教孩子怎样捕鱼，孩子永远处于伸手向父母要鱼的境地。同样的道理，直接给孩子钱，不如教孩子赚钱的方法，激发孩子主动学习理财知识的愿望。

鼓励竞争，"安于现状"的孩子容易被淘汰

社会中处处充斥着竞争，如果孩子没有竞争意识，不敢参与竞争，那么谁会主动让一片天地给他呢？没有竞争就没有进步，父母要注意小心呵护孩子身上的进取精神，鼓励孩子去竞争，千万不可磨光了孩子初生之犊的锐气。

震华就读于一所市重点中学，他要求自己必须保持在前三名，偶尔落后，下次必定赶上去。学校组织的各种比赛，他也都很热衷。有一次学校搞演讲比赛，他参加了但没拿到奖。回家后，他反思了自己没获奖的原因，又上网查了提升演讲能力的各种技巧，在家练习，非要下次也拿奖不可。

有人说这孩子好胜心太强了，但爸爸认为，敢于争先有助于他变得更加优秀，所以总是鼓励他："想做就去做吧！相信你自己！"

孩子的竞争意识是与生俱来的，从小他们就会对别人说："这是

我的。""我的最大!"上了小学后,班级和学校里会有更多的竞争活动,比如老师以组为单位进行评比并给予各种奖励,学校组织大型体育比赛等。

有心理学家研究显示,6—12岁的孩子自我意识最明显,在这期间,孩子对各种竞争的结果也特别敏感。父母要鼓励孩子积极参与集体活动,激发孩子参与竞争的热情和动力,从而让孩子不断提高自己、超越自己。竞争就像一个强有力的推动器,如果不鼓励孩子参与竞争,就很难激发他们的潜能。

培养竞争意识

如果一个孩子没有竞争意识,那么面对竞争,他们要么逃避退缩,要么就是哭哭啼啼回家找父母。因此,父母应有意识地培养孩子的竞争意识,例如早上起床,可以让孩子和父母比赛扣扣子,看谁速度快。平时多鼓励孩子和小朋友一起游戏、学习,并有意识地运用比赛的形式让他们比高低,赛胜负,如比一比谁跑得更快,谁的房子搭得更好等,这些简单的比赛能够激发孩子竞争的欲望。

闲暇时间,父母也可以和孩子玩剪纸比赛、用橡皮泥捏小动物比赛等。在这些竞赛的过程中父母应表现得充满热情,并和孩子一起把成果放在显眼的地方,鼓舞孩子去争取胜利,激励孩子参与竞争。

父母可根据孩子对竞争的反应程度来选择不同的激励方式。如果孩子对竞争反应平淡,父母就应多激励孩子;如果孩子对竞争反应较强,父母则要引导孩子适当地控制情绪,转移孩子的注意力。

树立积极正确的竞争观念

如果孩子光有竞争的意识和欲望却没有正确的竞争观念，竞争也可能会毁掉孩子的未来。父母要帮助孩子树立积极正确的竞争观念。

1.区分竞争和嫉妒的不同

"知心姐姐"卢勤女士曾谈过竞争与嫉妒的问题，她告诉孩子们说："比如说两个人跑步，一个在前边，一个在后边。后边的人想，前边这个人现在最好让石头绊一跤，然后我好超过他。这就是嫉妒，嫉妒是把自己的成功建立在别人失败的基础上。可是反过来，如果后边的人想，我要使劲儿跑，超过他，我一定要超过他。这就是竞争，竞争是把成绩建立在自己努力的基础上。"

当别人在竞争中获胜，不少孩子都会不服气，如果这个不服气变成了嫉妒，父母就要及时引导。

玲玲被选去参加市里的电台主持人大赛，晶晶回家悄悄对妈妈说："其实玲玲的普通话还不如我标准，她的笑容太做作了。"妈妈不露声色地观察女儿，然后说："你是不是有点儿嫉妒她？"晶晶低头不语。妈妈认真地对她说："每个人都有自己的长处和短处，老师推荐了玲玲，说明她肯定有优秀的地方。"妈妈还告诉她，如果你也想被选去参加比赛，可以观察下玲玲优秀的地方，向她学习，提高自己。

嫉妒心强的孩子看不惯别人的成绩和胜利，父母要引导孩子把嫉妒转变成动力，才不会让竞争变味。

2. 引导公平竞争

如果为了竞争不择手段，那么得到的结果也不是非常光荣和值得自豪的。父母应让孩子懂得竞争的原则，以公平、公正的心态去参与，不作弊。

3. 正确面对竞争中的成败

在竞争中，遭受失败是难免的，所以当孩子在竞争中失败了，父母千万不能责备、讥笑孩子，这样很容易使孩子气馁，甚至失去信心，丧失竞争意识。

当孩子只看到比赛中的冠军和奖杯，父母要引导他们看到比赛中的友情、成长和面对困难的坚定信心。当孩子只是为了争第一而比赛，那么即使得到奖杯又有什么用呢？

培养孩子的竞争意识，帮孩子树立正确的竞争观念，如此，孩子才能带着一颗积极的心去面对残酷的竞争。

保护创造力，有创造力的孩子才有广阔未来

李开复在TED舞台上做过主题为"在这场AI浩劫中，唯有创造性工作方能全身而退"的演讲，他说："未来是人工智能的世界，失业的浪潮会席卷全球，而只有一种工作——具有创造性的工作是有保障的，因为人工智能可以优化但不能创造。"

在未来的15年内，驾驶员、客服、销售员以及血液科和放射科的医生，所有具有固定流程的工作，都将被人工智能所取代。美国心理学家E.保罗·托伦斯更是给出了具体的结论：创造力与成就有正比的直接关系，这个预测指标，比IQ等其他方面还要准确。如果我们的孩子没有创造力，纵有高学历，也会在未来的失业风暴中被撕得粉身碎骨。

那么，什么是创造力？西奥多·莱维特说："创造力就是想出新鲜事物。创新就是制造新鲜事物。"心理学家认为，具有创造力的孩子拥有新异、适宜、高质的创造性思维，这是创造力的核心。司马光砸缸、诸葛亮的空城计，都是创造性思维发光的典型表现。

具有创造力的孩子的表现有：喜欢探索，对周围的一切充满好奇心；敢于尝试别人认为不可能的事情；有主见，能坚持自己的立场；敢于质疑父母、老师制定的各种规范。

发表在2010年《新闻周刊》上的文章《创造力危机》中有这样一句话："98%的学前孩子都有着天生的创造力，但步入学校教育后却只有2%的学生在成长过程中一直保持着这种创造力。"那么如何保护孩子的创造力呢？关键不在于如何"向孩子教授创造力"，而在于如何营造一个有利于孩子创造力发挥的环境，使他们的创造力得以扎根、生长并蓬勃发展。

在米切尔·雷斯尼克所著的《终身幼儿园》一书中，提出了五个策略来教父母保护孩子的创造力。这五个策略分别是想象、创造、游戏、分享和反思。

想象

"想象力比知识更重要。"这是科学家爱因斯坦的著名论断。爱因斯坦在回顾自己的童年时，多次谈起他所体验的惊奇感。他说："思维世界的发展，在某种意义上说就是对'惊奇'的不断摆脱。"他认为，学生最可贵的动力是想象力和好奇心。

父母可以利用空白的页面、空白的画布以及空白的屏幕，鼓励孩子天马行空地表达自己。比如，建议孩子插入自己的声音或者添加一些自己的想法，并让孩子思考怎么做才会与众不同，怎样才能增加个性化的风格。不要认为想象只发生在脑子里，其实动手同样重要。父母要鼓励孩子摆弄、捣鼓东西，比如拆玩具、修东西。

创造

创造性的活动有很多，如各种DIY手工，废旧卫生纸筒制作的城堡、树叶做的玩偶、旧衣服做的灯罩等。父母总是给孩子买各种高档玩具，其实买再昂贵的玩具都不如和孩子一起制作玩具。大自然里的树枝、树叶、石头，家里的纸杯、纸壳、毛线、面粉等都是现成的材料。

不同的孩子对不同类型的创造感兴趣，有的孩子喜欢用乐高积木搭城堡，有的孩子喜欢编织手链，还有的孩子喜欢做甜点。另外，写诗和编故事也是一种创造性活动。孩子可以通过这些活动，了解创造的过程。父母要做的就是帮助孩子找到他们喜欢的创造方式，或者鼓励孩子参与各种类型的创造活动。

游戏

有很多父母总是倾向于开发智力的游戏，认为那才是有用的，而对于孩子玩泥巴就不太支持。甚至很多父母为"什么样的游戏最有益"而困扰。事实上，游戏注重的是过程，而不是结果。

心理学家指出，0—3岁的孩子最好的玩具其实是"人"，孩子们最需要的并不是那些很贵的玩具，而是皮肤有温度、能陪着他们一起游戏的人。玩具只是玩耍中的辅助物，如果没有人陪着孩子玩，他们不会玩得长久，所以可以看到很多孩子对玩具总是一时感兴趣，随后就置之不理了。所以，无论我们有多忙碌，都有必要经常带孩子一起玩。

分享

孩子们都愿意分享他们的想法，并和他人共同完成，但他们时常不知道该怎么去做。你可以帮助孩子找到和他一起协作的人，不仅限于现实生活中，还可以是在网络世界里。比如，我们可以召集几个有共同爱好的孩子一起创作，制作雕塑、排练戏剧等，让他们在协作的过程中互相交流沟通。

当孩子沉浸在项目创作中时，父母还可以用提问的方式引导他们思考，如"你是怎么想到这样做的？""最让你感到惊讶的是什么？"这能促使孩子思考并改进自己的创作。而且孩子在描述自己的想法时，常常不需要给他们提供进一步的信息，他们就能自己发现问题所在。

反思

父母通常不习惯和孩子分享自己的思考过程，原因可能是不想暴露自己在思考过程中遇到的困惑和不确定。但与孩子讨论自己的思考过程，是你能给孩子的最好礼物。对孩子来说，听到你思考的策略，以及在几种方案中的犹豫、不确定，会让他们反思自己的想法。如果你是一个创造性思维者，那么孩子在模仿的过程中，也会成为创造型思考者。

当然，想象、创造、游戏、分享和反思，这不是一个单一循环，当孩子经历了这个过程，又获得了新想法，就继续下一个螺旋式的迭代，再次开启一个新的创造力循环。随着螺旋的每一次迭代，你都会有新的机会来支持孩子进行创造性的活动。

放手，让孩子走点儿弯路

英国哲学家、教育家赫伯特·斯宾塞说："孩子，我无法牵着手把你从这里带到那里，这条路你必须自己走下去。我能够真正向你承诺的，只是对你坚定不移的支持。我会给你一些指引，把我的经验告诉你，但这代替不了什么，一切得由你自己决定，做出选择，并承担责任。"

有一位船长有着一流的驾驶技术，被渔民们称为"船王"，他的儿子是他唯一的继承人，他对儿子的期望很高，很用心地教给他驾驶技术。当他认为儿子已经掌握了足够的知识时，他的儿子却丧生于一次十分微不足道的台风中。

船王十分伤心，有位老人问他："你一直手把手地教他吗？"

"是的。为了让他掌握技术，我教得很仔细。"

"他一直跟着你吗？"老人又问。

"是的，我儿子从来都没有离开过我。"

老人说："这样说来，你也有过错啊。"

船王不解，老人说："你的过错已经很明显了。你只传授给他技术，却不能传授给他教训。对于知识来说，没有教训作为根基，知识只能是纸上谈兵。"

我们教育孩子何尝不是如此，就算让他们懂再多的道理，传授给他们再多的经验，如果不放手让他们独自去面对生活，他们永远也不能真正掌握那些经验和知识。

德国著名教育专家舒马赫说："给孩子多多提供尝试机会也是实施挫折教育的有机组成部分。孩子一旦被剥夺了尝试的机会，也就等于被剥夺了犯错误和改正错误的机会，因此也不可能迈向成功之路。"

蔡笑晚是著名的家庭教育专家，他的6个子女中，有5位博士和1位硕士，他也因此被誉为人才"魔术师"。

但是蔡笑晚的教育之路并不是一帆风顺的，老四天润读中学的时候，社会上正流行金庸小说和功夫电影，练就一身无敌武功成为很多少年的梦想。因此原本成绩优秀的老四对读书突然没有兴趣了，一心想去学习武术。

后来蔡笑晚提起当年的情形说："当时他给我写了两封决心书，说他今生绝不读书了，决心成为一代武术大师，打败所有的武术高手，统一武林，震动世界。我第一次感到自己的教育出了问题，但是有些时候必须让孩子亲自吃些苦头，他们才知道疼。"

蔡笑晚和老四认真做了沟通，他发现老四的决心很大，任何人的劝说都被他当成耳旁风，束手无策的蔡笑晚只好和儿子约定：无论任何结果都要自己承受。

老四就这样去了武校，在家里的蔡笑晚只好任儿子远去。可没过多久，远在武校的老四就写信来说他感到那不是他该去的地方，那里的大部分学生都是读书读不好的，还经常打架、赌博，和他完全不是一类人，这里根本不是自己想象中的武侠世界。

老四写信表示想马上回来，蔡笑晚没有同意。他回信道："想去就去，想回就回，这是对自己的事情不负责任，将来还会遇到问题。既然去了就必须坚持，为自己的冲动负责。"

最后蔡笑晚愣是让儿子坚持了一个学期。返家后的老四一心读书，最终考上了华西医科大学。

对一个人的成长来说，有些弯路是非走不可的。张爱玲写过一篇文章就叫《非走不可的弯路》，她写道：

在青春的路口，曾经有那么一条路若隐若现，招呼着我。母亲拦着我："那条路走不得。"我不信。"我是从那条路走过来的，你有什么不信呢？""既然你能从那条路走过来，我为什么不能？""我不想让你走弯路。""但是我喜欢，我也不怕。"母亲心疼地看了我好久，然后叹口气："好吧！你这个倔强的孩子，那条路很难走，一路小心！"上路后，我发现母亲没有骗我，那条路确实是条弯路，我碰壁，摔跟头，有时碰得头破血流。但我不停地走，终于走过来了。坐下来喘息的时候，我看到了一个朋友，自然很年轻，正站在我当年的路口，我忍不住喊："那条路走不得！"……我很感激她，她让我发现了自己不再年轻，已经开始扮演"过来人"的角色，同时患有"过来人"常患的"拦路癖"。

　　父母们都有严重的"拦路癖"，自己摔过的跟头，吃过的亏，都不想让孩子再去经历一次。但在人生中，有些路每个人都非走不可，那就是年轻时候的弯路。不摔跟头，不碰个头破血流，怎能练就钢筋铁骨，怎么能长大？怎么能飞出父母的保护伞？即便你明知道那样做是错的，也不要强行阻拦。让孩子去尝试，让他们自己承担后果，并逐渐总结经验教训。

　　作为父母，总希望把孩子抓在手里，这样感觉更踏实。但是为了孩子的成长，我们必须学会放手与主动信任，给孩子一些在实践中锻炼、学习的机会，让他们提高生存力。